JUSTIÇA:
UM OLHAR (DES)COMPROMETIDO

JOSÉ MOURAZ LOPES

JUSTIÇA:
UM OLHAR (DES)COMPROMETIDO

JUSTIÇA: UM OLHAR (DES)COMPROMETIDO

AUTOR
JOSÉ MOURAZ LOPES

EDITOR
EDIÇÕES ALMEDINA, SA
Rua da Estrela, n.º 6
3000-161 Coimbra
Tel.: 239 851 904
Fax: 239 851 901
www.almedina.net
editora@almedina.net

EXECUÇÃO GRÁFICA
G.C. – GRÁFICA DE COIMBRA, LDA.
Palheira – Assafarge
3001-453 Coimbra
producao@graficadecoimbra.pt

Novembro, 2005

DEPÓSITO LEGAL
235202/05

Toda a reprodução desta obra, por fotocópia ou outro qualquer processo,
sem prévia autorização escrita do Editor,
é ilícita e passível de procedimento judicial contra o infractor.

PREFÁCIO

Uma actividade profissional diferenciada, mas sempre ancorada no desempenho do papel fundamental da judicatura, assumido há quase vinte anos, suscita a questão sobre o que mudou e o que importa mudar no sistema de justiça.

Entre o exercício da judicatura em tribunais dispersos por várias zonas do País, absurdamente anquilosados em termos de estruturas de apoio, a experiência de formação de magistrados no Centro de Estudos Judiciários e o comando de uma Direcção da Polícia Judiciária situada no âmago do sistema económico e financeiro do País, vai um caminho jurisdicional e judiciário que permite a sedimentação de algum conhecimento do «estado das coisas» da justiça.

O desempenho de uma actividade profissional sectorial na área da justiça só faz sentido se ao seu exercício diário não se omitir uma permanente atenção o restante mundo jurídico. Este princípio é essencial para compreender o mundo da justiça, os seus problemas, as suas idiossincrasias e mesmo as suas perplexidades.

Porque sem essa curiosidade certamente que o comodismo, a rotina e sobretudo a carga burocrática inerente ao exercício profissional, por vezes desgastante, rapidamente aniquilaria qualquer desempenho eficaz da actividade profissional.

Nunca são calmas as águas do sistema de justiça. Mal seria se o fossem, diga-se.

Os interesses contraditórios, subjacentes ao conflito que sustenta o sistema de justiça, sendo mesmo a sua razão de ser, não permitem o distanciamento ao próprio conflito na resolução do problema.

Ou seja, pretender a unanimidade, a tranquilidade, a inconsequência do debate permanente sobre a justiça e os seus problemas será uma espécie de «quadratura do círculo» ou mesmo algo que Becket nunca conseguiu com o seu Godot.

Ao contrário, assumir o conflito como a essência onde deverá assentar toda a perspectiva de trabalho profissional, constituindo um risco, será certamente um bom princípio.

O homem não se define apenas pelo «papel» que exerce na sociedade onde vive. De igual modo, o exercício de um «papel» no amplo, diverso e antagónico quadro da jurisdição não o transforma na coisa.

Se o conflito é a essência, o conhecimento dos papeis específicos de cada interveniente no sistema, com as suas especificidades, as suas razões, os seus limites, por vezes pouco definidos, será o melhor caminho para o início do processo de resolução do «conflito».

Sendo vários os intervenientes no sistema de justiça cada um tem a sua perspectiva, a sua individualidade, os seus interesses que, assumindo uma figuração gráfica paralela não é nem tem que ser comunicante ou mesmo cúmplice.

Assumir essa individualidade com as especificidades que a cada função estão destinadas, sem complexos, será porventura um dos caminhos para a compreensibilidade do conflito e da forma de o entender.

Numa outra perspectiva o conflito imanente ao sistema de justiça impossibilita a importação de outros modelos de organização para o sistema sem uma adequada adaptação desse modelo à idiossincrasia «justiça».

O sistema de justiça é antes de mais e de tudo um sistema de garantia. De garantia de direitos historicamente estabelecidos, sedimentados e aprofundados.

Sobre este pilar deve, sem qualquer hesitação assentar todo o edifício jurisdicional em construção. Porque é este o fundamento que distingue o sistema de justiça de todos os outros.

Vale a pena, por isso, não perder o sentido que afinal une aqueles que em vários momentos, desempenhando diferentes papéis profissionais, assumem diariamente a razão do conflito como forma de vida.

Em momentos de crise há que apelar aos fundamentos do sistema para que se não percam a razão e as razões de quem é a parte fundamental do próprio sistema.

*

Os textos que agora se publicam foram escritos em diversos momentos históricos, moldados quando se exerciam actividades profissionais diversificadas.

Aparentemente não são visíveis quais conexões entre a veemente afirmação do «direito ao Direito» que foi escrito no texto sobre Guantanamo, a actual crise da justiça e o modo de a enfrentar, que tratamos no texto inicial do livro, o estado actual do modelo de juiz de instrução como juiz de liberdades e o papel da Polícia Judiciária na investigação da criminalidade fiscal.

Aparente ilusão.

Se perpassa em todos os textos a marca temporal da sua feitura, a actualidade de muitas das questões tratadas e que temos vindo a defender ao longo de alguns anos corresponde ao compromisso com os cidadãos, que entendemos necessário a quem exerce funções legitimadas em primeira linha pela garantia do cumprimento dos seus direitos.

Aqui reside afinal a justificação da publicação deste olhar (des)comprometido com a Justiça.

JOSÉ MOURAZ LOPES, Coimbra Novembro 2005

I PARTE
UM OLHAR GLOBAL

A PROPÓSITO DA CRISE DA JUSTIÇA EM PORTUGAL *

I. É recorrente a afirmação pública de que a justiça está em crise.

E é tão recorrente a afirmação que não obstante os "ciclos políticos" se alternarem (e esses são sempre passíveis de serem datados por virtude do processo eleitoral que os condiciona) os problemas relacionados com a crise da justiça nunca são ultrapassados. Mesmo com a alternância política que se tem verificado desde 1980 em Portugal.

Se nos primeiros dez anos após a alteração do regime constitucional decorrente, primeiro da revolução de Abril de 1974 e depois da Constituição de 1976, os problemas da justiça – que já existiam e bem profundos – não foram objecto de atenção pública, de modo significativo, nomeadamente pela atenção da comunicação social e reflexamente pelos cidadãos, as coisas mudaram e muito na última década.

Diga-se no entanto que nos primeiros anos da democracia em Portugal outros problemas (e porventura mais graves) atormentavam os cidadãos, que não primordialmente a justiça.

Enquanto as condições sócio económicas do País eram lentamente modificadas, alterando-se o panorama sociológico – melhores condições de trabalho, melhor educação, melhores condições de saúde e aumento do poder de compra – as políticas de justiça centraram-se, naqueles anos, na modificação dos quadros legais decorrentes da reforma constitucional de 1976.

A adaptação da justiça, nos seus quadros legais fundamentais, ao regime democrático era absolutamente imperiosa. Não só o regime interno se encontrava em desacordo com as opções políticas assumidas depois da

---

* Versão ligeiramente modificada do artigo publicado na revista «Jueces para la Democracia, Informacion y debate», n.º 39, Novembro de 2000.

Revolução, como também a adesão a quadros legais internacionais a isso o obrigava.

Recorde-se que só em 1978 Portugal aprovou, para ratificação interna a Convenção Europeia dos Direitos do Homem – Lei n.º 65/78 de 13 de Outubro.

Como consequência dessa adaptação do regime normativo aos novos tempos, surge em 1982 a aprovação e entrada em vigor de um novo Código Penal, que revogava o Código Napoleónico em vigor, com algumas alterações circunstanciais, desde 1882. Em 1985 é alterado significativamente o Código de Processo Civil e em 1987 surge um novo Código de Processo Penal, que revoga o diploma em vigor desde 1929.

Todos estes diplomas diga-se, fruto de um labor doutrinal e científico muito elaborado – recorde-se que o Código Penal de 1982 surgiu de uma proposta apresentada e estudada desde 1962 pelo Professor Eduardo Correia – trouxeram "no papel" um quadro legal adaptado à modernidade de um País que saíra à pouco tempo de uma "ilha normativa" na Europa da democracia, dos direitos humanos e da justiça social.

As reformas sustentadas na "law in books" publicadas não foram no entanto acompanhadas por estruturas judiciárias que pudessem colocar a mesma "law in action". Um pouco como um fato novo num corpo velho e decrépito, que o tempo faz mirrar.

As poucas reformas que no domínio do judiciário se fizeram (algumas, diga-se, com visão de futuro e que ainda hoje dão os seus frutos, como é o caso da criação do Centro de Estudos Judiciários em 1979 e a consequente reforma do sistema de formação de magistrados) não conseguiram ultrapassar a barreira da difícil cultura burocrática que desde sempre afectou (e continua a afectar) todo o judiciário.

No domínio do processo civil, os novos diplomas – que afinal de novidade pouco apresentavam, como se veio a constatar – nada de significativo trouxeram ao panorama processual que se vivia nos tribunais cíveis e, de todo, responderam à enorme afluência que desde os meados da década de 80, os tribunais civis se viram confrontados.

Ao aumento exponencial da litigância cível não foi dada resposta adequada pelo legislador nem ao nível do direito processual nem ao nível das infraestruturas de suporte absolutamente necessárias a uma reforma dos tribunais cíveis. Infraestruturas que começavam no mais básico que eram (e são) as instalações, passavam pelos funcionários e terminavam nas novas tecnologias.

No que respeita à justiça penal se idêntica omissão do legislador ocorreu no que respeita às infraestruturas na orgânica judiciária, outros e graves problemas resultaram quer de novos problemas sociais, quer do conjunto de legislação entretanto vigente, bem como da sua utilização.

Se, por um lado a desarticulação entre a reforma do Código Penal e a reforma do Código de Processo Penal que naturalmente teriam que se complementar, não foi efectuada, não pode omitir-se também o fenómeno da hipercriminalização que se verificou ao longo dos últimos vinte anos.

Por outro lado algumas "perversões" permitidas na utilização do sistema revelaram-se quase "mortíferas".

Consequências de tais circunstâncias, e quanto ao primeiro ponto, basta atentar na desatenção dada pelo legislador ao normativo decorrente do regime substantivo da prescrição que, por não regulamentado em norma transitória, levou mais tarde – e leva ainda hoje – à prescrição de algumas centenas de processos crime – alguns com repercussão pública enorme.

A própria jurisprudência resultante dos vários conflitos normativos decorrentes da desadequação dos dois diplomas, só muito recentemente se uniformizou, estabelecendo finalmente um termo às querelas resultantes de interpretações divergentes dessa matéria.[1]

O fenómeno da criminalização pode observar-se desde logo no regime penal fiscal que foi sustentado por duas reformas quase seguidas.

Quanto às "perversões" permitidas basta atentar na possibilidade de recurso ao Tribunal Constitucional em quaisquer circunstâncias e em qualquer fase processual no âmbito de processo penal, o que transforma aquele Alto Tribunal, por um lado numa quarta instância de recurso, quando há decisão do Supremo Tribunal de Justiça e por outro num meio de protelar

---

[1] Falamos no Assento do Supremo Tribunal de Justiça n.º 11/2000 publicado no DR I Série A de 30 de Novembro que fixou jurisprudência estabelecendo que *"No Código Penal de 1982 (redacção do Decreto-Lei n.º 400/82 de 23 de Setembro), e em crime a que for aplicável pena com limite máximo igual ou superior a 5 anos de prisão, o procedimento criminal extingue-se, por efeito da prescrição, logo que sobre a prática do crime sejam decorridos 10 anos, o que resulta do seu artigo 117.º, n.º 1 alíneas b) e c)"* e no Assento n.º 12/2000 publicado no DR I Série A de 6 de Dezembro fixou jurisprudência no sentido de que *"No domínio da vigência do Código Penal de 1982, versão original, a partir da entrada em vigor do Código de Processo Penal de 1987, a prescrição do procedimento criminal não se interrompe com a notificação para as primeiras declarações para comparência ou interrogatório do agente, como arguido, na instrução".*

o desenvolvimento normal do processo, quando se recorre interlocutoriamente. Tudo isto, naturalmente para quem tenha possibilidades económicas de o fazer.

Se os "germens" da actual situação podem encontrar-se no passado recente do tratamento legislativo a que foi sujeito o sistema judiciário nos anos 80, outras razões potenciaram e desenvolveram afinal o resultado a que se chegou hoje e que reflectem a imagem da justiça penal.

II. Propor a discussão da crise da justiça não é singularidade do sistema judiciário português. Há alguns anos que o problema da crise da justiça, *qua tale*, é discutido, nomeadamente na Europa continental[2].

Em Portugal, vários autores têm nos últimos anos dado a sua atenção à crise na justiça na sua globalidade. Assim, Bacelar de Vasconcelos[3], enquadrando a justiça no contexto amplo dos serviços de justiça onde se englobam não só os tribunais propriamente ditos mas também o Ministério da Justiça e todos os demais serviços adjacentes, depois de identificar aquilo que chama os "sintomas de crise", onde se identificam "a apropriação da justiça por pessoas colectivas públicas e privadas, a morosidade processual e o encarceramento abusivo", e sobretudo ao "corporativismo fútil" do poder judicial, acaba por cingir a sua avaliação à questão da independência judicial e à necessidade do controlo dos juízes.

Por sua vez, Pedro Magalhães[4], identificando os sintomas da crise nas "dificuldades e desigualdades no acesso aos tribunais e na morosidade dos tribunais", e depois de abordar outras concausas acaba por sugerir que a crise da justiça é em primeiro lugar "uma crise latente e comum a todos os sistemas democráticos, ligada a uma profunda incerteza normativa acerca do lugar que o poder judicial deve ocupar nas suas relações com o poder político". A partir daqui estrutura o seu diagnóstico final para a conclusão do funcionamento burocrático do sistema judicial, por um lado e

---

[2] Sobre a situação actual em Espanha pode ver-se, D'Argemir, M Comas, La reforma de la justicia, *Jueces para La Democracia,* n.º 39, Novembro 2000, pág. 13.

[3] Vasconcelos, Pedro Bacelar, *A crise da Justiça em Portugal*, Gradiva, Lisboa, 1998. Retoma o autor este discurso em *Justiça em Crise? Crises da Justiça*, D. Quixote, Lisboa, 2000, pág. 405.

[4] Magalhães, Pedro Coutinho, Corporativismo, judicialização da política e a "crise da justiça" em Portugal, *Revista do Ministério Público, n.º 79*, Setembro de 1999 e *Justiça em Crise? Crises da Justiça*, D. Quixote, Lisboa, 2000, pág. 411.

nas relações das magistraturas com o poder político, por outro. Finalmente acentua a necessidade de desvendar os próprios interesses dos actores políticos e judiciais, porquanto "eles são em grande medida aquilo que move os agentes envolvidos e gera resistências a todas as mudanças que não sejam meramente cosmética".

Numa outra perspectiva Maia Costa[5], identificando as manifestações da crise essencialmente na ineficácia da justiça onde assume preponderância a morosidade processual, analisa as "suas" razões para tal situação: crescimento da procura da justiça; desfasamento temporal das providências legislativas e resistência dos actores à mudança. Em nítida posição divergente com Bacelar de Vasconcelos, critica a crítica à "auto regulação das magistraturas" como factor causal da crise da justiça, embora admita a necessidade de se rever a composição do Conselho Superior da Magistratura de modo a possibilitar uma maioria de membros "leigos" – não juízes. Na sua atenção ao sistema penal acaba por concluir que mais do que criticar permanente e antecipadamente o modelo de processo penal, importa deixar funcionar o modelo vigente, porque o mesmo "tem virtualidades para funcionar e melhorar a qualidade e a celeridade da justiça penal". É aliás curiosa a sua conclusão de que "é tempo de fazer a crítica do discurso da crise e passar ao discurso crítico."[6]

III. Referiu-se o conceito de "imagem" da justiça penal, omitindo propositadamente a palavra "crise".

A imagem da justiça é o rosto de uma máquina enorme, burocrática, sobre a qual são tecidas considerações globais, pondo-se em causa sempre ou quase sempre o sistema, a propósito de casos concretos e muito locali-

---

[5] Costa, Eduardo Maia, A crise da justiça: crise, discurso da crise e discurso crítico, *Revista do Ministério Público*, n.° 77, Março de 1999 e *Justiça em Crise? Crises da Justiça*, D. Quixote, Lisboa, 2000, pág. 173.

[6] Mais recentemente um conjunto de autores, com organização de António Barreto, sintetizou em outros tantos artigos mais ou menos fundamentados sobre o tema da crise da justiça. Trata-se da obra citada supra em notas anteriores "Justiça em Crise? Crise da Justiça, Lisboa, 2000. No que respeita ao sistema penal propriamente dito é importante reter o artigo de Dias Bravo, "Justiça penal em Portugal: crise para além do ruído" (ob. cit. pág. 263) apontando o autor para quatro grandes vectores quando se fala em crise da justiça penal: *"congestão dos tribunais, dilação dos procedimentos, individualização das decisões e mediatização sem obediência às regras legais processuais"*.

zados. Imagem que condiciona inequivocamente qualquer juízo que se faça sobre a matéria.

Numa sociedade de informação tanto como o ser é absolutamente fundamental atentar no parecer. Daí a importância da imagem, do que afinal é transmitido, mesmo que não corresponda àquilo que é.

E é também sobre essa imagem, que importa reflectir.

Recorde-se que, durante muitos anos, o sistema de justiça pura e simplesmente era desconhecido do cidadão em geral, se exceptuarmos os pequenos "casos de polícia" ou de vizinhança que por vezes ultrapassavam as portas da sala de audiência para, na opinião pública, serem discutidos, não ultrapassando no entanto o seu âmbito sociológico ou geográfico.

Curiosamente apenas os casos em si (as suas causas, os protagonistas e as consequências) eram discutidas e nunca o sistema, fossem os magistrados, os advogados e mesmo o funcionamento do tribunal.

Os tribunais existiam, era um facto, "longe da vista" mas também do "coração" do cidadão que, porque os temia, evitava-os sempre que possível.

Os tribunais eram lugares onde se ia apenas porque "tinha que ser". O cidadão não via nos juízes alguém a quem recorrer para o defender, fosse das violações dos seus direitos por parte de outros cidadãos, fosse do próprio Estado.

A actividade jurisdicional aparentava cumprir o seu dever resolvendo as questões de partilhas e sucessões (onde estivesse sobretudo em causa, muito dinheiro), a intervenção em disputas sobre direito da propriedade e a punir, de preferência severamente, aqueles que cometendo crimes, não se enquadravam nos valores morais que a sociedade admitia.

A cultura burocrática, cinzenta e de "low profile" assumida pela magistratura – que acabava por ser respeitada porque temida – não era de todo conhecida por aqueles que a legitimavam, ou seja os cidadãos.

As decisões judiciais, para além de utilizarem, como ainda hoje utilizam, uma linguagem cerrada e pouco acessível não eram publicitadas, e muito menos questionadas.

A comunicação social tinha outras fontes de informação mais apetecidas pelo público.

Também o carácter estatizante da comunicação social radiofónica e televisiva impedia que a actividade dos tribunais fosse conhecida, nomeadamente o modo como trabalhavam, quem eram os seus protagonistas como se decidiam e sobretudo, quais os seus limites de actuação no domínio da defesa dos direitos do próprio cidadão.

Por outro lado o mercado judiciário, em termos de informação, não era ainda atraente para o cidadão.

Subitamente, no entanto, as coisas mudaram.

Do lado do acesso à justiça por parte dos cidadãos constata-se um brutal aumento de procura de serviços dos tribunais que se traduziu num exponencial aumento de litigância (cível e penal).[7]

Do lado da visibilidade, o "mercado da justiça" começa a ser atraente à comunicação social, sobretudo à televisão. Num primeiro momento pela novidade e, posteriormente pela adesão do público ao tema.

Comunicação social que entretanto deixara de ser estatal e que se viu confrontada com um manancial de informação à sua disposição de tal modo importante que, por vezes, nem sabia o que fazer dele.

O cidadão, a partir do momento em que começa a receber informação do que são e o que fazem os tribunais, começa também num primeiro momento a interessar-se, depois a utilizá-lo como garantia dos seus direitos e posteriormente a questionar o que afinal até aí não conhecia.

E questiona não só o "modus operandi" de algo que conhece mal como também, o compara com outros serviços públicos.

Não compreende o ritmo próprio dos ritos judiciais, que também lhe não são explicitados, diga-se, a necessária ponderação da decisão ante os interesses contraditórios em causa e sobretudo aquilo que ele vê pouco – eficácia e eficiência desse serviço público.

IV. No que respeita ao sistema penal importa atentar no que constituiu a evolução do sistema nos últimos vinte anos.

Não só a modificação do sistema legal, derivado da entrada em vigor do Código Penal de 1982, em 1 de Janeiro de 1983, da nova legislação penal fiscal e económica de 1984 e fundamentalmente do novo Código de Processo Penal de 1987, como também o aumento do número de magistrados – sobretudo do Ministério Público – acompanhados de perto por

---

[7] Em 1960 o número de processos iniciados nos tribunais judiciais portugueses cifrava-se na ordem dos 29,6/por1 000 habitantes. Em 1998 esse número subiu para 73,26/por 1 000 habitantes, tendo atingido o pico máximo em 1994 (89,72/por 1000 habitantes) – cfr. Barreto, A., *A situação social em Portugal*, Vol. II, Lisboa, 2000.

uma "exigência" pública de resultados em termos de acusações e condenações por parte da comunicação social, levaram a que se abrissem processos penais (muitos ainda sem acusação) contra figuras mais ou menos públicas – ou por desempenharam cargos públicos ou pela sua posição económica.

Poder-se-ia dizer que neste particular se atingiu alguma euforia nos finais dos anos 80, princípios de 90, sendo certo que alguma magistratura viu-se lançada "na rua", aplaudida (sem saber muito bem porquê, diga-se!) e, curiosamente, gostando do que via (e sobretudo do que a opinião pública dizia dela). E como estava "bem", deixou-se estar, gozando, porventura os "prazeres" conferidos pela publicidade mediática que gratuitamente lhe era dada.

Nunca o seu ego tinha sido, assim, afagado. As revistas faziam capas com magistrados. Estes, deixavam-se fotografar. Cargos de natureza política eram ocupados por magistrados considerados, dando-se assim "capas" de prestígio a esses lugares.

Se alguma magistratura, "cantava e ria" com tal protagonismo social, simultaneamente a esmagadora maioria continuava a tratar dos mesmos casos que até aí vinha tratando, a afogar-se em bagatelas penais, cujo tratamento processual era igual ao de casos complexos e graves, utilizando os mesmos procedimentos que os seus avós, sessenta anos antes e trabalhando nas mesmas condições e nos mesmos locais do que os seus pais, trinta anos antes.

Não se informatizaram serviços, não se remodelaram tribunais, adequando-os aos novos tempos e sobretudo manteve-se a mesma cultura burocrática no tratamento processual, sobretudo ao nível do não tratamento diferenciado da criminalidade. Trata-se, na forma processual do inquérito – que configura essencialmente o "corpo" da investigação criminal – de igual forma um crime de furto num supermercado, como um homicídio.

Qualquer cidadão que tivesse morrido no século XIX e regressasse no final do milénio aos tribunais portugueses, certamente se sentiria em casa!

O continuado aumento da litigância penal[8] e sobretudo a sua não selecção na fase preliminar do inquérito pelo Ministério Público; a perma-

---

[8] Entre 1988 e 1998 verificou-se um aumento de 156% no número de processos crimes entrados nos tribunais portugueses – cfr. Dias Bravo, ob. cit. pág. 267.

nência constante dos tribunais na comunicação social e na opinião pública; o interesse do cidadão pela justiça, agora consciente de que a justiça está ao seu serviço e não ao serviço dos próprios intervenientes; o continuado não entendimento dos ritos judiciários (e do seu porquê); o acompanhamento e conhecimento público de determinados casos concretos que se arrastam longos anos nos tribunais sem decisão transitada em julgado; a existência de classes profissionais detentoras de alguns privilégios não entendidos, como é o caso do tempo de encerramento anual dos tribunais, são afinal o "caldo" suficiente para que se abra uma brecha no sistema de justiça.

O que parecia ser um novo fôlego ou uma lufada de ar fresco na magistratura, a que não eram alheios os resultados de processo semelhante que se fazia sentir em países culturalmente mais próximos de nós, como era o caso de Itália, e na maneira de esta abordar os novos fenómenos criminais, afinal tornar-se-ia num flop[9]!

V. Mas afinal existe uma "crise" da justiça penal em Portugal no início do século XXI?

O conceito de crise pressupõe previamente o entendimento do paradigma do sistema de justiça que temos. A definição dos problemas e a sua resolução pelos instrumentos do sistema são afinal o limite da validade do próprio paradigma.

"O significado das crises consiste exactamente no facto de que indicam que é chegada a ocasião para renovar os instrumentos", na expressão de Kuhn[10].

É certo que ao longo dos últimos dez anos por razões várias constatou-se a inoperância do sistema penal no tratamento judiciário de variadíssimos casos que envolviam pessoas singulares ou colectivas de alguma capacidade económica ou com estatuto político ou social de algum relevo.

Alguns dos processos penais envolvendo figuras públicas, cuja mediatização foi desde o início uma constante, com acusações formuladas pelo Ministério Público ou mesmo com julgamentos efectuados e conde-

---

[9] Uma visão comparada e crítica sobre o activismo judiciário das magistraturas portuguesa, espanhola e italiana, pode ver-se em Magalhães, Guarnieri, Pedro Coutinho, Carlo, O activismo judicial na Europa do Sul, *Sub Judice*, n.º 14, 1999, pág. 7.

[10] Kuhn, Thomas S., *A estrutura das revoluções científicas*, Editora Perspectiva, São Paulo, 1991, pág. 105.

nações proferidas em primeira instância, não foram, durante muito tempo, objecto de decisão final, transitada em julgado.

Não se tornando simples entender cada uma das situações – até porque cada caso é um caso – não se andará muito longe da "causa das coisas" se se invocarem genericamente duas ordens de razões para tal situação.

Por um lado, alguma ineficácia da investigação criminal, sobretudo relacionada com a criminalidade económica e fiscal, que tem as suas causas essencialmente detectadas no desconhecimento e na inexistência de meios técnicos disponíveis ao serviço da magistratura e da polícia de investigação para esse tipo de criminalidade.

Situação que aliada a algumas interpretações jurisprudenciais resultantes da sucessão de leis entretanto verificadas[11] contribuiu para muitas das prescrições ou mesmo absolvições que se verificaram em tais casos.

Por outro lado a permissibilidade da estrutura processual vigente à utilização de estratagemas dilatórios do processo por parte dos seus destinatários[12].

Se bem que utilizando não mais que o direito constitucional de defesa a todos consagrado, o certo é que a manipulação processual efectuada por parte de cidadãos patrocinados por alguns advogados de prestígio, ao bloquearem completamente o sistema, mais não fizeram do que demonstrar a sua fragilidade.

Não seria trágica a situação, porque a estatística demonstra que estes casos são afinal uma grande minoria do panorama da litigância penal nacional, não fossem estes os casos que, dada a sua visibilidade, pura e

---

[11] Casos típicos podem concretizar-se na evolução jurisprudencial a propósito dos crimes de desvio de subsídio e do concurso com a fraude na obtenção de subsídio, que num primeiro momento se entendia como configuradores de um concurso real e mais tarde passou a entender-se como concurso aparente. Situação idêntica ocorreu no domínio da criminalidade fiscal, nomeadamente nas situações de fraude fiscal e do que se entendia ser uma relação de concurso real com o crime de burla qualificada e falsificação de documentos e que foi evoluindo para uma situação de fraude fiscal simples. As consequências desta evolução mostraram-se extremamente favoráveis aos arguidos por virtude da diferenciação de penas resultantes das construções jurídicas em causa.

[12] O caso do recurso à fase processual instrução, apenas com efeitos dilatórios é conhecido. Requerendo-se a audição de testemunhas sem qualquer critério que não fosse a dilação do processo, por um lado e recorrendo sistematicamente dos despachos judiciais que indeferiam essas e outras diligências notoriamente dilatórias, conseguia-se protelar a fase anterior ao julgamento.

simplesmente identificam o sistema – na sua pior face – perante o cidadão. E, por isso, o estigmatizam.

A crise do judiciário confundiu-se efectivamente com as situações decorrentes de prescrições, inexistência de acusações, absolvição de crimes, publicitação de decisões não transitadas ou mesmo condenações efectivas decorridos mais de dez anos após a prática dos factos, estatisticamente pouco relevantes, mas impressivamente determinantes.

É esta a imagem que acaba por identificar o país judiciário perante os seus cidadãos.

Uma outra realidade, muito mais ampla e porventura generalizada a praticamente todo o País demonstra, ao contrário, outros dados e outras situações.

Por um lado em áreas como a criminalidade contra as pessoas, criminalidade violenta e mesmo pequena criminalidade (contra as pessoas) constata-se uma investigação criminal efectuada em tempo adequado, um número de prescrições "estatisticamente correctos", julgamentos a ocorrerem no seu tempo "processual", os recursos apreciados e o trânsito das decisões compreendido e acatado.

Por outro lado é manifesto o exponencial aumento da litigância penal na área criminal relacionada com os estupefacientes e a sua repercussão em todo o íter judiciário – desde a investigação criminal até ao cumprimento da pena.[13]

Qualquer magistrado ou advogado é testemunha, todos os dias, desta situação.

VI. A constatação desta evidência, coloca algumas interrogações.

À situação de "um país, duas realidades" corresponderá inevitavelmente, a duplicidade de sistemas diversos de adequação penal?

O actual sistema comportará alterações susceptíveis de evitar a situação de "um país, duas realidades"?

Só uma reforma profunda do regime penal (substantivo e adjectivo) será solução?

---

[13] Ilustram bem a afirmação produzida os números – se bem que parcelares – referentes ao total de reclusos em cumprimento de pena por crimes relativos a estupefacientes: em 1983 cifravam-se em 177; em 1998 esse número atingia os 3 902. Cfr. Barreto, A, *A Situação Social...*, pág. 211.

Não podem no nosso entender surgir dúvidas quanto a uma resposta negativa à primeira questão. O princípio da unicidade processual, garantia fundamental do cidadão, sustentada não só no princípio da igualdade como também no princípio constitucional do acesso à justiça, sendo uma aquisição do património democrático do Estado não pode ser postergado pela permissividade e consequente duplicidade dos sistemas, nomeadamente do sistema penal.

Se há que tratar o que é desigual de uma forma também desigual – e isso será afinal uma vertente do próprio princípio da igualdade – importa concretizar na prática essa solução.

Solução que passa por criar dispositivos legais divergentes em função das específicas formas de criminalidade, por um lado e a admissibilidade de actuação diversa pelas várias instâncias formais de controlo (polícias, Ministério Público, tribunais e advogados) em função de critérios também eles diversos, se bem que rigorosamente pré determinados. Afinal critérios de oportunidade no desencadear da acção penal que permitam racionalizar o sistema, que não é absolutamente elástico[14].

Na dimensão substantiva é absolutamente fundamental pôr em prática o que muita doutrina vem defendendo, no que respeita à hipercriminalização que se verifica.

O direito penal, como última *ratio*, não pode e não deve servir de arma de arremesso permanente na política judiciária.

Descriminalizar condutas cujo desvalor ético jurídico se encontram em zonas cinzentas será assim um princípio. Exemplo que foi dado pela Lei n.º 30/2000 de 29 de Novembro referente à despenalização da detenção de estupefacientes para consumo próprio.

Assim se responderá de uma forma positiva à segunda questão. Ou seja a modificação do regime processual actual, porventura a necessitar de alguma adequação constitucional, possibilitará a recuperação do próprio sistema sem necessidade de rupturas de modelo que impliquem novas fracturas no próprio regime.

No fundo não há que alterar o paradigma.

---

[14] Critérios que existem já se bem que a nível pontual no âmbito do processo penal. Veja-se o caso do arquivamento em caso de dispensa de pena, a que se alude no artigo 280.º do CPP e o instituto da suspensão provisória do processo referido no artigo 281.º – e que a partir da reforma de 1998 passou a ser passível de aplicar também no âmbito da instrução.

A concretização destas medidas no âmbito do actual processo penal é possível e desejável, recusando-se por isso uma reforma profunda do sistema. O que implica, por isso, uma resposta negativa à última questão. Ou seja não se torna necessário alterar o modelo penal criado com as reformas de 1982 e 1987 e as suas subsequentes alterações pontuais, que até agora o não descaracterizaram.

VII. A legitimação do sistema perante os cidadãos, de modo a que estes o identifiquem como adequado à resolução das finalidades para que se destina – essencialmente retomar a paz jurídica decorrente da violação de bens jurídicos fundamentais – passa pela adequação do actual modelo aos problemas com que se defronta hoje a justiça penal.

A modificação da estrutura penal, não a sua substituição, através da agilização das suas estruturas e dos seus procedimentos exige, no entanto, uma alteração da cultura judiciária que o suporta.

Desde logo uma magistratura exigente e interventiva, que não pactue com um sistema de justiça burocrático e funcionalizado. Que questione a própria política criminal quando fundada em juízos oportunistas calendarizados em função de períodos eleitorais. Que não aceite um sistema opaco aos próprios cidadãos. A crítica (e a autocrítica[15]) do e ao sistema, é um sintoma da sua democraticidade. E por isso da sua vitalidade.

Uma advocacia que entenda que o sistema de justiça penal serve o cidadão, possibilitando-lhe a sua utilização de uma forma maximalista de modo a que os seus direitos sejam plenamente garantidos, mas que não implica uma obstrução sistemática ao seu funcionamento, através da permanente descoberta de "portas falsas".

Uma comunicação social que, no exercício do seu direito/dever de informar o faça respeitando as regras do jogo do sistema de justiça. Que lhe são conaturais e absolutamente fundamentais à sua finalidade de defesa dos direitos fundamentais do cidadão. A realidade não se pode confundir com a imagem do que é conveniente, em termos mediáticos, transmitir. Os direitos fundamentais não podem transformar-se em meros objectos de diversão.

A justiça, para que se legitime perante os seus destinatários, afinal a sua razão de ser, não pode continuar a ser um jogo de espelhos.

---

[15] De "impermeabilidade à autocrítica" na magistratura, fala, também, D'Argemir, ob. cit. pág. 13.

MEDIAÇÃO PENAL
E JUSTIÇA RESTAURATIVA *

I. «De que falamos quando falamos de mediação penal», poderia ser o sub-título desta intervenção.

Importa por isso e antes de mais atentar na necessidade de se identificarem os conceitos utilizados de modo a que o rigor terminológico utilizado não permita equívocos na abordagem das matérias.

Ao falar-se de «mediação penal» importa referir que se identificam meios de resolução de conflitos, compondo o litígio, «fora do sistema penal» e perante um mediador.

A mediação, como forma de enfrentamento de resolução de litígios, necessariamente terá que colocar-se fora do sistema jurisdicional e consequentemente do sistema penal.

Não se trata, na mediação penal, de formas alternativas a meios processuais já existentes de tratamento jurídico penal de conflitos que geraram a prática de crimes, normalmente associados à pequena criminalidade, como sejam, no âmbito do sistema penal português, o arquivamento em caso de dispensa de pena e a suspensão provisória do processo.

Nestas situações a solução dogmática encontrada – independentemente do valor que se lhe possa atribuir – é estabelecida no âmbito das respostas processuais penais vigentes. Ou seja no sistema de justiça formal, obedecendo a determinados requisitos indispensáveis na sua caracterização onde, antes de mais, sobressai o poder independente e imparcial do juiz.

Aqui são as magistraturas quem detêm a única competência funcional para a concretização da decisão ou seja realizar o direito e a justiça

---

* Texto que serviu de base a um módulo apresentado no Curso de Pós Graduação sobre Mediação e Justiça Restaurativa, no Instituto Superior de Educação e Ciências, em Lisboa, Março de 2004.

penal, através do procedimento formal próprio que termina ou não pela aplicação de sanções.

Recorde-se que neste procedimento, inequívoco, previamente conhecido e obedecendo a regras de lealdade e contraditoriedade, radica grande parte da própria legitimação do juiz que aplica a sanção.

A mediação (penal ou de outra natureza) como forma de resolução de conflitos tem uma estrutura completamente diferenciada e objectivos também eles diferentes (embora, por vezes, pouco distinguíveis).

A mediação pode definir-se como um processo a maioria das vezes formal, pelo qual um terceiro neutro tenta que as partes encontrem uma solução para o conflito, em encontros destinados ao confronto dos seus pontos de vista.[16]

«Justiça doce»[17], como alguns a identificam.

Na sua forma paradigmática a mediação implica juntar as vítimas e os seus agressores com o mediador que facilita o encontro. No decurso deste, as vítimas descrevem as suas experiências e as consequências do delito nas suas vidas. Por outro lado os agressores (offenders) explicam o que fizeram e porquê, respondendo ainda a questões que a vítima coloque.

Depois da vítima e do agressor terem dito o que tinham a dizer, o mediador ajuda-os a encontrar formas de resolver o litígio.

Trata-se assim de entregar a um conjunto de mediadores, sujeitos a princípios de imparcialidade (em relação às partes envolvidas no processo), mas já não sujeitos a princípios de independência e mesmo de autonomia, a possibilidade de resolver a questão.

O mediador estando sob a alçada de uma entidade autónoma, ela própria independente em relação às partes envolvidas no litígio, não é de per si dotado de uma autonomia e independência caracterizadora das magistraturas.

Numa outra perspectiva, o que se pretende com a mediação é uma composição do litígio de forma a serenar e atingir uma «paz jurídica», que não passa necessariamente pela aplicação do direito normativo legalmente estabelecido. Pode e deve mesmo recorrer-se se necessário à equidade, se isso for o meio mais adequado à resolução do litígio.

---

[16] Assim João Pedroso, in «Percursos das Reformas da Administração da Justiça», *Sub Judice*, n.º 19, 2000, pág. 27.

[17] Cfr. J. P. Bonafé-Schmitt, *La médiation: une justice douce,* Paris, Syros, 1992.

As partes, na mediação aceitam a decisão depois de desenvolvido o processo argumentativo e explicitado o conteúdo dessa «decisão-composição».

Não há, por outro lado, qualquer vertente sancionatória ou coerciva no âmbito da mediação – o que, como se sabe é caracterizador dos sistemas de justiça, nomeadamente do sistema penal.

II. Existem princípios básicos a respeitar na aplicação de qualquer programa de mediação penal em matéria criminal.

Podem assim identificar-se os seguintes princípios:

a) apenas devem ser aplicados com o consentimento das partes, sendo este livremente revogável em qualquer fase do procedimento; tais acordos devem ser livremente celebrados pelas partes e conter somente obrigações proporcionais e razoáveis;

b) devem ser tomadas em consideração, quer na decisão a aplicar quer sobretudo na condução do processo, óbvias disparidades evidenciadas na relação subjectiva, como sejam a desigualdade estatutária e a idade das partes, a sua maturidade ou capacidade intelectual;

c) deve ser assegurado o direito a aconselhamento legal das partes antes, durante e depois do processo restaurativo e, quando necessário, para tradução ou interpretação de textos e normas; no caso de menores devem ter o direito à assistência dos pais;

d) antes de aderirem à participação em processos restaurativos devem as partes ser informadas dos seus direitos, da natureza do processo e das possíveis consequências da decisão;

e) deve ser evitada a indução à participação da vítima e agressor por métodos desleais ou coercivos (*unfair means*).

f) As decisões judiciais de não procedimento baseadas em acordos resultantes de programas de justiça restaurativa devem ter o mesmo estatuto que as decisões judiciais ou julgamentos e devem fazer precludir a possibilidade de perseguição penal relativamente aos mesmos factos.

III. Definidos os princípios, podem evidenciar-se um conjunto de potencialidades inequívocas do conjunto de instrumentos permitidos pela mediação penal, muitos deles comuns à justiça restaurativa.

Desde logo a adequação dos métodos ao interesse das vítimas, nomeadamente identificando questões de natureza psicológica.

Também estão identificadas razões de prevenção, quer especial quer geral.

A rapidez na resolução dos problemas/litígios e sobretudo a rapidez na respostas às suas sequelas são evidentes.

A informalidade como método é claramente uma vantagem no procedimento.

No que respeita ao agressor são evidentes os benefícios em termos de não estigmatização. O simples facto de se evitarem passagens pelas instituições formais de controlo, como os tribunais surge claramente como uma vantagem.

Também a responsabilização das pessoas envolvidas em todo o processo traduz uma inequívoca forma de legitimação do processo.

Por último, mas não menos relevante importa destacar a vertente económica que perpassa pela mediação penal em relação ao sistema «formal» de justiça.

Os custos sociais e económicos que a proliferação de pequenos delitos traz aos tribunais são enormes. A mediação penal, porque mais económica na sua estrutura, produz, por isso uma justiça também ela mais «barata».

Efectuadas tais distinções importa, no entanto, referir que se entende que é possível o sistema de mediação ter um papel relevante no domínio da área penal, aceitando-se como bom um modelo alternativo baseado na mediação para a criminalidade de «baixa densidade» e só nesta.

Desde logo nos casos de criminalidade de pequena gravidade em que se verifique qualquer tipo de relação entre a vítima e o agressor, como é o caso das relações familiares, escolares, comerciais, de trabalho ou de vizinhança.

Numa outra dimensão poderá ser aplicável a situações de pequena e média criminalidade em que, atendendo ao perfil psicológico da vítima ou à situação concreta que resultou do crime (idosos, jovens, pessoas especialmente debilitadas) se mostre particularmente relevante a tentativa de recuperação de anteriores níveis de segurança e qualidade de vida.

Por último na pequena e média criminalidade em que são agentes jovens delinquentes penalmente imputáveis, tendo em vista, essencialmente, uma perspectiva de integração familiar, escolar e social.

IV. O papel, dir-se-ia residual, e a desenvolver fora do sistema judiciário vigente, através de instituições descentralizadas, informais e mesmo não profissionalizadas, pode no entanto ter alguma repercussão, ou o que será o mesmo, algum campo de actuação nas fases preliminares do processo penal.

Assim o modelo a seguir deveria por isso, aproveitando as estruturas já existentes no domínio dos julgados de paz, enquadrar-se naquela rede normativa vigente em Portugal, alargando-se, em consequência as competências daquelas instituições de molde a abranger também algumas questões de natureza criminal.

A mediação poderia surgir como fase preliminar obrigatória em determinado tipo de conflitos devendo apenas, em caso de insucesso e só nessa circunstância, ser possível aceder à jurisdição.

Essa aliás parece ser a opção que decorre do Anteprojecto de Revisão do Código de Processo Penal, apresentado pelo Partido Socialista[18] que viabiliza o recurso à mediação a funcionar junto dos juízos de paz, onde é o consenso restaurativo que importa afinal tutelar.

Vale a pena referir que o que é agora proposto pelo Anteprojecto referido, no que respeita à mediação penal passa pela atribuição aos serviços de mediação oficialmente reconhecidos na lei portuguesa, «com relevo para os dos julgados de paz», mas não só, que orientem a elaboração de um projecto de programa de concretização das injunções estabelecidas no artigo 281.º n.º 2 do CPP.

Possibilitando-se agora que a iniciativa dirigida à suspensão provisória do processo ocorra por requerimento conjunto ou simultâneo apresentado ao Ministério Público pelos lesado ou pelo assistente e pelo arguido, abre-se claramente caminho a essa dimensão restaurativa da justiça.

Para a concretização e eficácia deste pedido poderá ser necessário a formulação de um programa que concretize as injunções estabelecidas no n.º 2 do artigo 281.º

Ou seja, desde que não ofendam a dignidade do arguido, são oponíveis a este, a indemnização ao lesado, dar-lhe uma satisfação moral adequada, a entrega ao Estado ou a instituições privadas de solidariedade social de uma quantia, o não exercício de determinadas profissões, não frequentar ou não residir em certos lugares, meios ou regiões, não acompanhar, alojar ou receber certas pessoas, não ter em seu poder determinados

---

[18] Publicado no Diário da Assembleia da República II Série A n.º 33 de 5 de Fevereiro de 2004.

objectos capazes de facilitar a prática de outro crime ou impor mesmo um comportamento não taxativo que seja especialmente exigido ao caso.

Saliente-se que este programa poderá ser homologado, modificado ou rejeitado pelo Ministério Público, ouvidas todas as partes bem como depois de obtida a concordância do juiz de instrução.

A relevância e importância que assume hoje a mediação penal como forma de resolução de litígios penais, nomeadamente os relacionados com a pequena criminalidade levou também a Comissão de Estudo e Debate da reforma do Sistema Prisional a propor, como recomendação, no relatório elaborado sobre o Sistema Prisional (Fevereiro de 2004), que se enveredasse por esse caminho na resolução de litígios, seja no âmbito dos crimes particulares seja no âmbito dos crimes semi-públicos.

Uma última vertente da mediação penal pode ser encontrada na mediação pós-sentença.

Ou seja numa fase de execução da pena assume alguma relevância quer a possibilidade de realização de encontros vítimas agressores, quer numa outra perspectiva a realização de processos de tratamento do agressor/arguido condenado.

Aqui, a intervenção de um mediador poderá ser a forma de desbloquear processos de «bloqueio» que abstem a um programa de ressocialização eficaz.

GUANTANAMO:
O DIREITO AO DIREITO! *

«Há um dever ético de julgar face a situações limite, sobretudo quando a banalidade do mal desafia o pensamento».

Quem escreveu estas belíssimas palavras foi Hanna Arendt, a propósito do processo judicial de Eichmann, o criminoso de guerra nazi julgado em Israel em 1960.

As palavras, inequívocas pela sua clareza, demonstram bem a actualidade impressionante do seu sentido, face aos acontecimentos que ocorrem há mais de dois anos em Guantanamo, perante o silêncio «ensurdecedor» da comunidade jurídica internacional.

Mais de 600 homens, entre os quais algumas crianças, de várias nacionalidades estão detidas em condições quase desconhecidas sem que, também elas conheçam o porquê de tal situação e sem qualquer comunicação possível.

Não lhe é reconhecido qualquer direito estabelecido nas Convenções Internacionais, quer a prisioneiros de guerra quer a cidadãos civis detidos. Alguns suicidaram-se, outros, poucos, foram extraditados, alguns pura e simplesmente foram «recambiados» para o lugar onde tinham sido detidos.

Supõe-se que terão de alguma forma estado envolvidos nos acontecimentos do 11 de Setembro. Supõe-se!

Se o mal que aqueles homens terão feito não pode ficar impune, o dever ético e jurídico de serem julgados traz em si, a legitimação daqueles que pretendem o direito à sua detenção.

Afinal, já Habermas referia que «a legitimidade de uma ordem de domínio consiste na dignidade do seu reconhecimento como justa».

---

* Texto publicado no jornal «Público» em 2004.02.20.

Deixando de lado as querelas judiciais sobre se os prisioneiros de Guantanamo são ou não prisioneiros de guerra, não pode a comunidade internacional silenciar a indignidade que se passa naquela pequena parte de Cuba.

Sobretudo não pode deixar de exigir que o que se passa ali seja esclarecido e o eventual julgamento daqueles homens seja, também ele, público.

Não há direitos do homem de primeira e de segunda categoria.

A exigência insindicável do respeito pelos direitos fundamentais daqueles que presumivelmente violaram outros direitos, é a única via de legitimação de um Estado democrático.

Exigir o julgamento por um tribunal independente e imparcial daqueles cidadãos não pode ser apenas uma figura de retórica.

Numa altura em que a força das armas parece perder alguma razão, se é que algum dia a teve, a «força do direito» demonstrou ser a única que resiste ao imediatismo das decisões políticas.

Aqueles que morreram no 11 de Setembro certamente tinham confiança nos princípios que sustentam o País onde deixaram os seus filhos.

A liberdade e sobretudo o respeito pelos direitos de cada cidadão não podem soçobrar perante a contingência dos dias e dos acordos de partilha de poderes que a acompanham.

Apenas um apelo: afirme-se o direito ao Direito!

A CRIMINALIDADE ECONÓMICA: UM PROBLEMA DE QUEM? *

I. Uma análise objectiva da criminalidade económica e financeira em investigação em Portugal permite-nos, para além de avaliar o impacto da criminalidade no sistema económico português, responder sem grandes hesitações à pergunta formulada pelo tema desta intervenção.

Por outras palavras, conhecendo o que está em causa quando se fala de criminalidade económica em Portugal sabemos certamente qual a dimensão do problema e sobretudo quem é afectado por ele.

Impõe-se num primeiro momento ter a noção rigorosa sobre o âmbito criminológico e criminal subjacente à questão da criminalidade económica.

Ou de outro modo saber de que falamos quando falamos de criminalidade económica.

A dificuldade de enquadrar tipicamente, em termos de legislação penal, levou o Conselho da Europa, no início dos anos 80 do século passado a recomendar aos Estados a criminalização de um conjunto de condutas que, na altura se entendiam já ser suficientemente identificáveis para consubstanciarem tipos de crime a reprimir neste domínio.

Pese embora o carácter datado da Recomendação[19] e a necessária actualização que se impõe fazer a alguns tipos criminais que não podem deixar de aí ser integrados, é ainda um elemento fundamental para trabalhar a realidade criminológica em causa.

Importa antes de mais referir que esta «realidade criminológica» identifica-se claramente com uma realidade económica vasta e diver-

---

* Texto apresentado na Octopus Interface Conference – Combater a Criminalidade Económica – organizada pelo Conselho da Europa, Lisboa, Setembro, 2005.

[19] Falamos da Recomendação n.º R (81) 12 adoptada pelo Comité de Ministros em 25 de Junho de 1981.

sificada, cujo denominador comum é toda a panóplia de actividades ilícitas cujo objectivo é a obtenção de um ganho. Mas não um qualquer ganho.

Trata-se de obter ganhos ilícitos e, sobretudo, ganhos avultados.

É por isso que é no «círculo do dinheiro» que gravita o núcleo essencial desta criminalidade.

As tradicionais e engenhosas práticas criminológicas do «burlão», passíveis porventura de alguma tolerância social, são hoje substituídas por sofisticadas actividades ilícitas dotadas de grande capacidade técnica e intelectual e sobretudo enquadradas em núcleos organizacionais inequívocos.

Actividades ilícitas que, demasiadas vezes, ocorrem a coberto de entidades financeiras colocadas no mercado, assessoradas por muitos e diversificados profissionais liberais e consultores jurídico-financeiros, tornando por isso extremamente difícil descortinar onde começa o crime e termina o risco permitido.

No que respeita às tipologias criminais existentes é desde logo evidente que toda a panóplia de fraudes económico-financeiras, seja de natureza interna seja mesmo de natureza internacional, que muitas vezes se sobrepõem ao «íter criminis» burla, enquadram-se nesta realidade.

Neste domínio todo o conjunto de tipos criminais relacionados com a fraude ou desvio de subsídios ou de créditos, da gestão danosa são visíveis no écran típico desta criminalidade.

É também inequívoca, e cada vez mais com mais acutilância, tendo em atenção os valores que neste domínio estão em causa, a identificação da criminalidade de natureza fiscal ou tributária, aduaneira e não aduaneira com o sujeito em causa.

Num outro domínio a criminalidade relacionada com a contrafacção, falsificação e manipulação indevida de cartões de crédito, bem como as burlas cometidas através de meios electrónicos de pagamento e em rede de informação assume uma dimensão preocupante.

Uma outra realidade é identificada no domínio da criminalidade relacionada com o mercado de valores mobiliários.

A manipulação de mercado e o abuso de informação ou «inside trading» colocam em causa um sector específico da estrutura económica e financeira que se sustenta baseado na livre e sã concorrência e sobretudo na transparência dos operadores de mercado e no desenvolvimento das operações.

É claro que a esta panóplia de actividades criminais se junta quase sempre o branqueamento de capitais.

Se este conjunto de crimes não sofre grande contestação como elementos do magma «criminalidade económica», é hoje inequívoca a conexão de tipos criminais relacionados com a corrupção, o tráfico de influências, o abuso de poder, entre outros, como elementos com peso significativo a integrar na primeira linha deste grupo de crimes.

A prática destes tipos criminais, umbilicalmente ligado ao ganho económico, claramente preverte o regular funcionamento das instituições, seja no domínio da transparência exigida ao seu funcionamento seja sobretudo nas implicações económicas que trazem consigo a nível do regular funcionamento do mercado.

Questão transversal a todo este conjunto de crimes é a natureza transnacional ou internacional das práticas ilícitas, o que claramente condiciona toda a investigação criminal a desenvolver.

Se o panorama jurídico normativo é este, uma outra dimensão do problema assume hoje uma marca absolutamente incisiva na compreensão do fenómeno.

O conhecimento do valor e dimensão das criminalidades económicas veio concretizar afinal aquilo que se suspeitava.

Ou seja o impacto estrondoso da criminalidade económica na economia de um País, nomeadamente o impacto que pode ter no equilíbrio das contas públicas.

Em Portugal, no final do ano de 2004, efectuou-se uma primeira avaliação a cerca 680 inquéritos em investigação na Polícia Judiciária relacionados com os tipos de crime acima identificados, onde se contabilizaram cerca de 800 000 000 (oitocentos milhões de euros) de prejuízos.

Esclareça-se que este número diz respeito apenas a uma percentagem reduzida daquele número de inquéritos e que não transmitem toda a realidade criminal existente no País.

É aliás criminologicamente conhecida a alta taxa de cifras negras existentes nesta matéria.

II. A rápida fotografia exposta permite alguns comentários.

Desde logo há que referir que se trata de uma realidade económica que percorre o seu caminho à margem do sistema legal, que prejudica, corrói e, sobretudo, distorce todo o sistema económico e financeiro.

Por outro lado não é admissível que a economia nacional prescinda, anualmente, de quase um bilião de euros.

Também não é sustentável às empresas que vivem «dentro» do sistema, pagando os seus impostos, cumprindo as suas obrigações e não utilizando mecanismo alternativos ao mercado, serem concorrenciais num mundo económico claramente viciado.

Muito menos é tolerável que as instituições financeiras vejam passar nos seus écrans, em silêncio, uma quantia tão elevadamente ilícita.

Em suma, não é suportável uma tão despudorada violação de princípios de legalidade e sobretudo de solidariedade social.

Há que reconhecer a necessidade de não ficar paralisado perante uma situação que globalmente vem corroendo a economia nacional no seu conjunto.

A danosidade social, onde para além dos cidadãos individualmente considerados, as empresas que lhes possibilitam emprego e o próprio Estado que é ele próprio vítima em primeira linha, assume cada vez maiores proporções.

A esta obscena violação das normas penais que criminalizam as fraudes económicas e financeiras deve responder-se com a intolerância legal, a rapidez do procedimento e a eficácia da sanção.

O conhecimento desta mancha de danosidade deve ser publicamente identificado para que se possibilite às instituições públicas e privadas, bem como dos cidadão, uma tomada de posição inequívoca sobre a ilicitude destes comportamentos que, beneficiando uma pequena minoria, certamente prejudicam a grande maioria dos cidadãos.

Só este conhecimento das coisas permite a definição clara de uma política criminal por quem tem o poder legal de a fazer sem margem para qualquer imputação de suspeições sobre quem gere e executa a prevenção e a investigação criminal deste tipo de criminalidade.

Também no âmbito da definição da política criminal importa estabelecer sem equívocos, quais as prioridades de investigação dentro de um quadro de abstracta legalidade, mas com a consciência de que a exequibilidade da investigação não se confunde com a desejabilidade das intenções que a ela presidem.

O número crescente e a complexidade das investigações impõe a necessidade de fixar legalmente o conjunto de prioridades de investigação criminal, através da determinação de critérios legais abstractos que não permitam qualquer tipo de dúvida sobre a objectividade da investigação, mas que simultaneamente possibilitem concretizar uma política realista de investigação criminal.

No que respeita às autoridades de investigação há que investir seriamente no reforço de meios de detecção e investigação criminal, nomeadamente a nível da formação profissional de novos investigadores, que possibilitem expandir os resultados já conseguidos.

Importa, nesta vertente atentar na especificidade da matéria em causa, na dificuldade que a investigação assume decorrente da volatilidade da prova e dos mecanismos poderosos que estão ao serviço de quem comete crimes.

Essa realidade pouco clara, volátil, fluida, muitas vezes situadas em zonas de coloração ilícita difusa onde é fácil invocar a pouca clareza da lei para invocar a falta de consciência da ilicitude de quem comete os crime exige, por isso, uma abordagem policial e judiciária completamente diferenciada em relação à investigação criminal tradicional.

Não será inoportuno reflectir sobre algumas situações recentemente apreciadas judicialmente e que mostram bem o grau de dificuldade na apreciação e valoração da prova produzida em julgamento no domínio da criminalidade económica.

São conhecidas decisões onde dúvidas sobre o conhecimento das realidades em julgamento conduziram a absolvições. Ou mesmo decisões onde a incompreensão dessa mesma realidade implicou uma não apreciação global das provas ou mesmo dificuldade na ultrapassagem de obstáculos suscitados na fase contraditória da produção de prova, que levaram a condenações simbólicas.

Não é possível sustentar por muito mais tempo uma omissão sistemática às causas deste problema.

É urgente criar um conjunto de tribunais especializados e dotar os juízes e magistrados do Ministério Público de formação profissional adequada que possibilite uma abordagem verdadeiramente profissional da apreciação jurisdicional das matérias.

Noutros sistemas judiciais onde a tradição do sistema de júri assume relevância significativa é hoje defendida a necessidade de estabelecer tribunais compostos de juízes profissionais e especializados para abordar o julgamento destas matérias, assumindo a abolição do júri como uma medida absolutamente necessária como resposta eficaz à complexidade das matérias em causa, onde não basta ser «inteligente» para apreciar a prova, mas sobretudo ter uma formação especial para compreender e julgar o fenómeno.

Respondendo à pergunta formulada no início do debate podemos sem dúvida referir que a criminalidade económica é afinal um problema não só da economia ou do sistema financeiro mas principalmente um problema que afecta todos os cidadãos.

Não o perceber e não agir em conformidade é ser cúmplice na manutenção de um estado das coisas que afinal interessa a muito poucos, mas que atinge negativamente a grande maioria dos cidadãos.

II PARTE
SER JUIZ, HOJE

O CÍRCULO DA INDEPENDÊNCIA DOS JUÍZES EM PORTUGAL *

O regime constitucional estabelecido em Portugal após a Revolução de 1974, que consagrou um Estado livre e democrático, encontra-se estabelecido pela Constituição da Republica de 1976[20].

A lei fundamental, entretanto revista e aperfeiçoada ao longo dos vinte anos de democracia, consagrou o seu Título V aos Tribunais.

São, assim, os tribunais, os órgãos de soberania com competência para administrar a Justiça em nome do povo, incumbindo-lhes assegurar a defesa dos direitos e interesses dos cidadãos, reprimir a violação da legalidade e resolver conflitos.

Os Tribunais são independentes e apenas estão sujeitos à lei sendo as suas decisões obrigatórias para todas as entidades públicas e privadas e prevalecendo sobre as de quaisquer outras autoridades.

A estrutura consagrada pela Constituição da Republica permitiu partir para a consagração da plena independência dos Tribunais face aos restantes órgãos de soberania.

A pirâmide judicial portuguesa tem no seu cume no Supremo Tribunal de Justiça que é o órgão superior da hierarquia dos Tribunais Judiciais.

Existem, no entanto, com competências próprias o Tribunal Constitucional, o Supremo Tribunal Administrativo, o Tribunal de Contas, para além de Tribunais militares.

---

* Texto originalmente apresentado no Seminário sobre «l'Independance des juges», organizado pelo Conselho da Europa, que teve lugar em Lviv, na Ucrânia, em Novembro de 1996.

[20] Aprovada pela Assembleia Constituinte em 2 de Abril de 1976 e sucessivamente revista e alterada pelas Lei Constitucional 1/82, Lei Constitucional 1/89 e Lei 1/92. Neste momento está em aberto um processo de revisão da Constituição pelo Parlamento.

A independência dos tribunais face aos restantes poderes ficaria no entanto limitada se à estrutura constitucional referida não se acrescentasse a garantia constitucional de um modelo de gestão dos tribunais e dos seu juízes, também ele independente dos restantes poderes.

Não se perdendo, nunca, a legitimidade constitucional e democrática dos tribunais, encarregou a Constituição Portuguesa a gestão dos juízes dos tribunais judiciais a um órgão constitucional – o Conselho Superior da Magistratura.

O modelo constitucional criado em 1976 e aperfeiçoado ao logo de vinte anos permite hoje concluir que existe em Portugal um sistema que não sendo porventura ideal, é reconhecido como paradigmático de um equilíbrio entre o "governo de juízes", que alguns pretendem e o "controlo dos juízes", que outros gostariam de ver consagrado.

Tratou-se assim de estabelecer um conjunto de regras constitucionais onde os poderes se vigiem e controlem, sem se possibilitar uma ingerência na função de julgar que, assim, coarctasse a liberdade fundamental de decidir.

É este o modelo que se irá desenvolver.

*

Sendo o Supremo Tribunal de Justiça o órgão máximo dos Tribunais portugueses, o seu presidente, a quarta figura do Estado Português, é eleito pelos respectivos juízes, estabelecendo-se por isso uma completa independência dos Tribunais judiciais perante os restantes órgãos de soberania.

Por outro lado com a criação do Conselho Superior da Magistratura, órgão constitucional autónomo que tem como função essencial a gestão e a disciplina da magistratura dos Tribunais judiciais, garantiram-se os dois requisitos essenciais da função judicial: autonomia dos Juízes dos tribunais judiciais face ao governo e à administração e legitimação democrática dos juízes enquanto titulares dos órgãos de soberania.

É esta a conclusão a tirar da regime constitucional que estabelece a composição do Conselho: dois elementos designados pelo Presidente da Republica (sendo um deles magistrado)[21] e sete elementos eleitos pelo parlamento.

---

[21] Nota de actualização: o quadro constitucional em que se sustentava o País foi entretanto alterado, no que respeita à modificação da obrigatoriedade de um dos membros

Sendo os sete membros restantes eleitos pelos juízes nacionais e porque o presidente do Conselho Superior da Magistratura é também o Presidente do Supremo Tribunal de Justiça, a maioria dos membros do Conselho é, por isso, constituída por juízes.

O princípio do autogoverno dos juízes está assim perfeitamente consagrado, mas de uma maneira limitada, pela inclusão de membros designados pelos restantes órgãos de soberania.

A solução constitucional consagrada permite sem margem para dúvidas que hoje, em Portugal, se torne impossível aos restantes órgãos de soberania controlar, por qualquer maneira os Tribunais.

Já não é assim, no entanto a orgânica do Tribunal Constitucional, tribunal próprio e com competência especifica para apreciar os casos de conformidade constitucional em último recurso dos restantes tribunais.

Aqui optou o legislador constitucional por assumir a natureza eminentemente política do Tribunal Constitucional, que é composto por treze juízes, sendo dez designados pelo Parlamento e três cooptados por aqueles.

No entanto, seis de entre os dez, são obrigatoriamente escolhidos de entre juízes dos restantes tribunais.

Importa, também, fazer referência ao Ministério Público.

Ao Ministério Público compete essencialmente representar o Estado e exercer a acção penal.

Note-se no entanto que os agentes do Ministério Público são magistrados, mas, ao contrário do juízes, são responsáveis e hierarquicamente subordinados.

Subordinados em última instância perante o Procurador Geral da Republica que é o órgão superior do Ministério Público.

A Procuradoria Geral da Republica é presidida pelo Procurador Geral e compreende o Conselho Superior do Ministério Público, que inclui membros eleitos pelo parlamento e membros eleitos pelos magistrados do Ministério Público.

O quadro geral da estrutura judiciária Portuguesa, que permite hoje concluir que os tribunais são efectivamente independentes, implicou que

---

do Conselho Superior da Magistratura, a indicar pelo Presidente da República, ser magistrado. A revisão constitucional n.º 1/97 de 20 de Setembro eliminou essa possibilidade. Ou seja, em teoria, pode hoje o CSM ser composto de uma maioria de membros não magistrados o que transfigura inequívoca e objectivamente o quadro de independência anteriormente estabelecido e que foi defendido no texto.

aos juízes fossem dadas, também, no exercício da sua função de julgar as condições necessárias ao desempenho das funções de um modo livre e independente.

Se a própria Constituição da República já contém normas específicas que estabelecem as garantias e incompatibilidades a que estão sujeitos os juízes, com a aprovação do Estatuto dos Magistrados Judiciais[22] (e que se aplica no essencial, nomeadamente quanto aos direitos e deveres, aos magistrados do Ministério Público) "fechou-se o círculo" da independência, hoje estabelecido em Portugal.

Aí se consagra, desde logo, que os juízes julgam apenas segundo a Constituição e a lei e não estão sujeitos a ordens ou instruções, salvo os deveres de acatamento pelos Tribunais inferiores das decisões proferidas, em recurso, pelos Tribunais superiores.

Também os juízes não podem ser responsabilizados pelas suas decisões e apenas nos casos expressamente previstos na lei podem ser sujeitos a responsabilidade civil, criminal ou disciplinar.

Os juízes são nomeados vitaliciamente e não podem ser transferidos, suspensos, promovidos, aposentados, demitidos ou por qualquer forma mudados de situação senão nos casos previstos no Estatuto.

Trata-se de uma garantia fundamental ao exercício livre da função de julgar.

Aos juízes é impedido o exercício de outras funções públicas ou privadas, salvo as funções docentes ou de investigação cientifica de natureza jurídica não remunerada e ainda funções directivas em organizações sindicais de magistratura.

Por outro lado, a nomeação, colocação, transferência e promoção dos juízes dos tribunais judiciais, bem como o exercício da acção disciplinar, compete ao Conselho Superior da Magistratura.

A concretização dum tão apertado conjunto de direitos e deveres exige por outro lado que ao juiz seja fixada uma remuneração compatível e condigna com tão exigente função.

Foi essa a intenção do legislador ao fixar um regime remuneratório autónomo de todo o funcionalismo público[23].

---

[22] Aprovado pela Lei 21/85 de 30 de Julho e alterado posteriormente pelas Leis 2/90 de 30 de Janeiro de 1990 e 10/94 de 5 de Maio de 1994.

[23] Aprovado pela Lei 2/90 de 30 de Janeiro de 1990.

Se o quadro normativo traçado é, diríamos, "quase perfeito" a prática judiciária onde tem sido aplicado o modelo traduz no entanto outra realidade, essa bem "menos perfeita".

Tudo começa, desde logo, na questão fundamental da inexistência de autonomia financeira dos tribunais, por um lado e, por outro, a inexistência de autonomia financeira do Conselho Superior da Magistratura, de molde a puder exercer as suas funções de gestão dos tribunais.

Quem sustenta economicamente os tribunais é o governo, através das verbas provenientes do Ministério da Justiça.

Assim e desde logo o maior ou menor investimento público na área da justiça tem como consequência, a jusante, uma maior ou menor possibilidade de o exercício da função de julgar se processar em condições de plena liberdade.

Nos anos setenta e oitenta, as necessidades económicas e sociais de Portugal impuseram uma política orçamental virada para a concretização dos mais básicos direitos dos cidadãos (questões como a saúde, as infraestruturas rodoviárias, o investimento público na área social, etc.).

A área da justiça continuou, lentamente, a sua "marcha processual", vendo passar ao lado os novos tempos e as necessidades que os acompanham.

Assim o desinvestimento na Justiça teve como consequência a inexistência de condições de trabalho condignas para o exercício das funções de julgar.

E quando se fala em condições de trabalho condignas, fala-se em tribunais instalados em locais apropriados, dotados de informatização completa, de pessoal de apoio bem preparado tecnicamente e de meios tecnológicos hoje absolutamente imprescindíveis ao exercício de qualquer função.

Todas estas omissões apenas no início da década de noventa começaram a ser encaradas como absolutamente necessárias ao desempenho da função de julgar e não como meros "caprichos dos deuses".

No entanto, a constatação desta evidência por parte do poder político, que controla economicamente os tribunais, permite, por outro lado que tal possa ser utilizado como forma de pressão indirecta sobre a própria magistratura.

Não se facultando os meios necessários ao exercício das funções torna-se difícil conseguir resultados altamente satisfatórios por parte de quem exerce as funções judiciárias. E aqui está em causa sobretudo a investigação criminal.

Por isso também é fácil ao poder político, quando esses resultados não surgem perante a opinião pública, atribuir essa responsabilização ao poder judicial.

De outro lado, sendo o Conselho Superior da Magistratura o órgão constitucional que nomeia, transfere e assume a gestão dos juízes nos tribunais judiciais, a inexistência de autonomia financeira deste órgão não possibilita que, com total independência, possam ser nomeados e colocados juízes que se tornam necessários ao crescente movimento processual que hoje se verifica.

Num outro plano onde, também, a realidade é bem diferente da imagem por vezes transmitida, estão as relações entre os juízes e os funcionários que com eles trabalham e que lhes dão todo o necessário apoio logístico.

Em Portugal o corpo de funcionários judiciais que secretaria o Tribunal – e não o juiz em concreto – não está na dependência hierárquica do juiz.

O juiz apenas detém um vago e impreciso poder de direcção sobre os funcionários que com ele trabalham.

A omissão daquela hierarquização tem provocado alguns conflitos absolutamente desnecessários entre funcionários e magistrados, sendo certo que o exercício normal da função de julgar pressupõe como se disse, que a este seja facultado todo o conjunto de meios sem limitações de qualquer espécie, para assim, em liberdade fazer o que lhe compete: decidir.

Ganha a batalha juridico-constitucional que constituiu a fixação do quadro legal da estrutura orgânica dos tribunais judiciais e dos juízes explanado e, num momento em que já existe a consciencialização por parte do poder político de que é absolutamente irreversível dotar os tribunais dos meios necessários ao desempenho das funções que lhes incumbem, e que os cidadãos exigem, novos e frios ventos, no entanto, começam a soprar.

Os resultados de uma magistratura independente e dotada de alguns meios – mas ainda insuficientes – para o exercício das suas funções começaram a fazer-se sentir.

Sobretudo na área criminal, onde a independência do Ministério Público mais se revela, é com alguma não disfarçada irritação que o poder político vê aproximar-se a justiça de quem lhe está próximo.

Assim e quando são pela primeira vez investigados e julgados cidadãos que tiveram ou têm curriculum político começa também a questionar-

-se a legitimidade democrática do poder judicial, invocando-se, por contraposição ao poder político, a eleição como única fonte de legitimação democrática. Como se a democracia se esgotasse na eleição partidária.

Também a intervenção por vezes pública que alguns magistrados têm em tais processos é de imediato apelidada como tendo tão só finalidades de protagonismo pessoal ou da classe. Como se a justiça obedecesse a critérios obscuros e se afirmasse somente pela "qualidade" daqueles que são por ela julgados.

A capacidade de intervenção pública através dos "media" que alguns dos críticos detêm leva, por outro lado, a uma massificação de informação judiciária que, porque não pode nem deve ser controlada, é no entanto usada tão só de acordo com o que pessoalmente lhes interessa.

Não obstante os ataques cerrados que atingem, todos os dias e de vários lados, a magistratura e os juízes em particular, a certeza de que o sistema que temos é aquele que garante em grande medida os direitos dos cidadãos perante um poder político cada vez mais tentacular, impõe-se não abdicar "do círculo da independência" mesmo que esta seja o último reduto dos juízes e dos próprios cidadãos.

Citando um grande poeta português, José de Almada Negreiros, para terminar, esperamos que em Lviv, *"Depuis ce jour, l'Europe commença à devenir bien plus grande que sur la carte"*.

JUÍZES, ASSOCIATIVISMO E COMUNICAÇÃO SOCIAL

(DE QUE SE FALA QUANDO SE FALA DE ASSOCIATIVISMO JUDICIAL E MEDIA?) *

I. Se a pergunta que subtitula esta comunicação delimita o sentido da intervenção impõe-se desde logo uma constatação: não é fácil responder à questão.

O facto de os média serem hoje condicionante do exercício de um qualquer poder, é uma verdade iniludível.

O poder de facto que efectivamente constituem, o modo como é exercido e os problemas que se suscitam no seu relacionamento com os poderes constitucionalmente tidos como tal são hoje em dia objecto de análise pelos mais diversos quadrantes.

Naturalmente que idênticas questões se suscitam a propósito das relações existentes entre os média e as associações de magistrados.

Se problemas como os que adiante se abordarão são hoje em dia uma constante impõe-se que, previamente à sua abordagem, se tenha uma visão do que entendemos ser hoje o papel do associativismo judicial na Europa, sob pena de não sabermos de que falamos, quando falamos de associativismo judicial e média.

Será esse o nosso percurso.

II. São essencialmente duas as posições dogmáticas que sustentam o papel a desempenhar hoje pelo associativismo judicial.

Uma, tida como institucionalista, onde se realça o papel verdadeiramente institucional duma associação, em paralelo com os órgãos de

---

* Texto originalmente apresentado na Reunião Multilateral sobre «Les associations de juges: role, attribuitions et statut», organizada pelo Conselho da Europa, em Neuchatêl, Suiça, Setembro de 1997.

Estado, essencialmente virada para si própria e para os seus membros e necessariamente apolítica por opção e definição.

Outra, situada num espectro doutrinal diametralmente oposto, desinstitucionalizada, mais aberta à sociedade onde se insere e assumindo-se como politicamente interveniente e mesmo comprometida com opções político ideológicas pré definidas.

Desde já referimos que não é, na nossa opinião, necessariamente de optar por nenhuma das teses referidas. Não há aqui, como em tudo na vida, opções maniqueístas. Há sim que entender a realidade onde se insere o movimento associativo e tentar partir daí para um entendimento sobre o que afinal se pretende com uma associação de magistrados em concreto.

É hoje em dia aceite que a função judicial (ou para aqueles que preferem falar em poder judicial) assume um papel fundamental no Estado de Direito democrático.

E isso essencialmente a partir do momento em que os cidadãos passaram a ter perfeita consciência dos seus direitos fundamentais e passaram a exigir do poder político o cumprimento efectivo dos seus direitos.

Os movimentos que envolveram a magistratura italiana, francesa e espanhola, por todos conhecido, teve afinal origem em quê?

A par de outras explicações que se possam dar, essencialmente na necessidade de os cidadãos, afinal os detentores de toda a soberania em nome da qual se exerce o poder, qualquer que ele seja, questionarem o poder político, as suas ramificações menos claras com os grupos económicos e o exercício desse poder de forma não conforme ao regime democrático.

Ao questionar-se o "status quo" do sistema, a quem recorrer, para, diríamos, executar essa catarse?

É óbvio que só a magistratura estava em condições de poder sustentar com credibilidade essa mudança de atitude por parte da sociedade e dos próprios representantes de algum poder político.

Porque é de uma mudança de atitude face ao exercício do poder que realmente se trata e porque só a magistratura surgiu como efectivamente descomprometida com o sistema vigente.

Torna-se por isso necessário que, quem exerce funções na magistratura tenha plena consciência do que consubstancia essa mudança na opinião pública.

Fundamentalmente uma maior responsabilização perante essa mesma opinião pública, que exige hoje uma maior transparência, isenção e independência a quem julga e como julga.

Bastaria atentar nas reformas processuais por exemplo levadas a cabo na Itália e em Portugal para se verificar que hoje, ao juiz, no processo é pedida uma profunda fundamentação das suas decisões.

Opinião pública que afinal é veiculada, interpretada e às vezes até manipulada pelos media.

São estes que, como transmissores das ideias, dos sentires, das aspirações e reivindicações dos cidadãos têm o poder "de facto", de serem "a ponte" entre os poderes "de direito" e o cidadão.

As alterações produzidas e as exigências agora feitas à magistratura impõem por isso que os magistrados assumam um papel público, visível, longe dos seus gabinetes escuros, recatados e sombrios isolados de tudo e de todos e que até aqui eram uma constante.

E emergindo, expõem-se necessariamente, tendo de assumir um papel público que até aí não tinham.

Trata-se no entanto de um papel público que é imanente ao exercício do poder que detêm, em nome dos cidadãos e para os cidadãos.

Sendo um poder vinculado fundamentalmente à lei importa referir que se trata da lei de um estado, de uma sociedade. E não a uma lei abstracta, metafísica, inócua.

Toda a lei é cultural e politicamente vinculada. Há por isso, na intervenção do magistrado uma necessária componente vinculativa ao desejo do cidadão que serve.

Negar isto é negar uma evidência.

Não faz por isso sentido hoje assumir um associativismo judicial com cariz institucional meramente representativo de uma de um grupo e apenas defensor de alguns dos seus privilégios, em nada querendo comprometer-se com a vida societária onde se insere.

Nomeadamente com a política judiciária, que, sendo da competência estrita do poder político não pode no entanto ser efectuada à margem daqueles a quem se destina.

Sendo os juízes a face visível da justiça são estes que publicamente são responsabilizados pelos cidadãos pelo sucesso ou fracasso de uma política judiciária a que são alheios.

Se os processos não correm os seus termos, se os julgamentos são adiados, se a justiça é morosa são os juízes que perante os destinatários são por isso responsabilizados.

Quem não acompanha o dia a dia do desenvolvimento político valorativo e cultural da sua "polis", quem a não tenta melhorar, quem, no fundo, não assume a necessidade de interiorizar e defender os direitos dos cidadãos que legitimam o seu poder, acaba por perder essa mesma legitimidade.

Como refere Boaventura de Sousa Santos[24], é necessário aceitar os riscos de uma magistratura culturalmente esclarecida.

Mas, por outro lado, não faz sentido, porque contrário ao princípio da universalidade da soberania que os legitima, ou seja o princípio de que é em nome de todos os cidadãos que se faz justiça e não só de alguns, que haja vinculações político partidárias nas associações de magistrados.

Desde logo porque os partidos políticos são naturalmente redutores, ao representarem apenas uma parte das opções ideológicas dos cidadãos de um Estado.

Por outro lado, e a história recente de alguns países confirma-o, posições públicas defendidas hoje por determinado partido político enquanto oposição, coincidentes com posições assumidas por associações de magistrados, amanhã, quando o mesmo partido político é poder, imediatamente deixam de ser coincidentes, porque agora inconvenientes ao novo poder instituido.

E aqui, como refere Perfecto Andres Ibanez, "a preocupação deve centrar-se na autenticidade da tomada de posições, na busca de coerência destas com os princípios assumidos" e fazê-lo com independência qualquer que seja a força maioritária no poder.

A assumpção desta postura exige por isso das associações de juízes um trabalho profundo de interiorização de opções político judiciárias, mesmo diversas entre as várias sensibilidades culturais e ideológicas dos magistrados, na qual o seu papel como representantes de um grupo que tem como finalidade garantir os direitos dos cidadãos assume especial relevo.

É por exemplo o caso da exigência pelo cidadão ao seu governo de uma melhor e mais rápida justiça e que só se concretiza através da disponibilização de meios processuais e materiais adequados ao exercício das funções.

Reivindicação que naturalmente deve ser proposição de uma associação de magistrados.

---

[24] Santos, Boaventura Sousa, *Pela Mão de Alice*, Afrontamento, Lisboa, 1994.

A nível interno a elaboração documental teórica sobre as questões relacionadas com a organização judiciária em geral e sobretudo sobre os juízes, o seu estatuto, a sua função e o seu papel social, são hoje em dia tarefas fundamentais de uma associação.

A actividade interventora e não meramente passiva de uma associação é por outro lado fundamental à consolidação e dignificação das magistraturas perante a opinião pública, face visível dos cidadãos que as legitimam.

E é precisamente nas relações entre a opinião pública e os juízes e naturalmente quem os representa, como são as associações, que se coloca a questão dos media.

É sabido que nos processos de modificação das magistraturas em vários países da Europa, foi absolutamente fundamental o papel dos média. Senão mesmo decisivo.

Nas denúncias de corrupção que minavam o sistema, no papel que os magistrados desempenhavam nesses processos, no próprio acesso a informações fundamentais.

E tanto assim foi que se assistiu mesmo à tentativa de amordaçar legalmente, nalguns países, a própria comunicação social com tentativas de introdução de legislação repressiva directamente aplicável a jornalistas. O que obviamente se tornou impossível.

Se a partir daí não mais os tribunais e sobretudo os juízes deixaram os média, novos e complexos problemas foram entretanto surgindo.

Por um lado a mediatização da justiça com a consequente abertura dos tribunais e dos juízes à opinião pública, que na sua essência se não discute, mas que é hoje questionável no seu âmbito ou seja em que medida tal abertura deve ser efectuada. E isto para defesa quer dos próprios juízes, que vêem ameaçada a sua independência de julgar em perfeita liberdade, quer sobretudo dos próprios cidadãos que vêem os seus mais fundamentais direitos pura e simplesmente postos à margem.

Impõe-se por isso, a montante, uma estrutura segura e capaz que possibilite a defesa da própria magistratura *qua tale* perante as invectivas condicionadoras da decisão judicial impostas pelos "julgamentos" públicos efectuados através dos media.

Não há hoje canal de televisão que se preze que não tenha pelo menos no seu noticiário nobre uma notícia sobre tribunais ou Juízes. Quando não são mesmo notícia de abertura. Não há jornal nenhum que diariamente não opine e noticie factos judiciários.

Neste panorama, fácil é constatar que o abuso da informação jurisdicional provoca distorções ou mesmo falsidades, por vezes com consequências irremediáveis.

A explicitação da informação judiciária e sobretudo aquela que tem a ver especificamente com a judicatura é naturalmente uma das funções primordiais de uma associação de magistrados.

Desde logo pela necessidade de protecção e reserva que aos magistrados, individualmente, se impõe.

Assim se evitará porventura que a mediatização da justiça faça hoje em dia dos juízes de instrução personagens dilaceradas, na expressão de Alain Minc.[25]

Mas é na consciencialização do enorme poder que hoje detêm os media e pelo que representam face ao poder político que deve ser entendido o relacionamento entre as associações de magistrados e os media.

Não se trata de utilizar os media como acesso directo ao poder político.

Tal acesso deve, ao contrário, ser uma prerrogativa das associações no seu relacionamento, aqui sim dum ponto de vista institucional com os órgãos de poder.

Trata-se tão só da utilização dos media como instrumento de credibilização das posições das associações perante uma opinião pública desinformada ou mal informada por um poder político que pretende impor soluções que colidem com os próprios direitos dos cidadãos, seus primeiros destinatários.

Mais uma vez no entanto é pela coerência e justificação das posições assumidas pelas associações nos média, mesmo que sejam em desfavor destes, que se credibiliza uma intervenção pública.

Não são os "barómetros" de popularidade criados pelos media que movem os interesses das associações, mas sim a coerência das posições que estas assumem.

O relacionamento com os media, como canais de transmissão de informação e afirmação pública de posições assumidas pelas associações é assim fundamental na credibilização da própria associação perante o cidadão.

Importa referir que esse relacionamento, se se torna fundamental pelos motivos indicados, não pode, no entanto, enveredar por uma qualquer parceria entre associações de magistrados e média.

---

[25] Alain Minc, *Le Media Choc*, Grasset & Fasquelle, 1993.

Diversos são os interesses que presidem à actuação dos media e os interesses que movem uma associação de juízes.

Não estamos todos sempre do mesmo lado nem são sempre os outros os "maus da fita".

A consciência desses limites deve sempre presidir no relacionamento entre uns e outros.

O que é hoje uma bela cacha jornalística pode ser amanhã uma péssima imagem da magistratura.

A consciencialização de que se está numa zona de risco calculado é assim fundamental para que se não perca a razão.

OPINIÃO PÚBLICA E LEGITIMAÇÃO DOS JUÍZES
ALGUNS SILÊNCIOS, OMISSÕES E CUMPLICIDADES *

É clara a Constituição da República Portuguesa quando refere que incumbe aos tribunais assegurar a defesa dos direitos e interesses legalmente protegidos dos cidadãos.

Será tão claro assim aos juízes portugueses este inciso constitucional?

Ou melhor, estarão os juízes portugueses a assegurar e a defender os direitos dos cidadãos?

Seria absolutamente ridículo, senão mesmo monstruoso, responder peremptória e negativamente à pergunta. Porque inequivocamente juízes portugueses defendem os direitos e interesses dos cidadãos que a eles recorrem.

Aceite a resposta generalizadamente afirmativa, não pode no entanto "fechar-se a porta" à sua amplitude e, "de pantufas" correr para o "sofá", descansadamente a ver passar o mundo, à espera que a "própria vida" nos caia em cima para então reagirmos.

Porque a questão é simples: questionar se o que fazem e como fazem os juízes é efectivamente aquilo que os cidadãos esperam dos seus tribunais.

Alguns números serão elucidativos a propósito do que se pretende dizer.

À pergunta efectuada pelo Eurobarómetro em 1999 nos quinze países da União Europeia sobre se consideravam de "boa qualidade" o serviço de administração de justiça, em Portugal somente 13% dos entrevistados responderam afirmativamente. Nos restantes países latinos os

---

* Comunicação apresentada ao VI Congresso dos Juízes Portugueses, Aveiro, em Novembro de 2001.

resultados foram de 14% para França, 17% para Espanha e Bélgica e 18% para Itália[26].

Que esperam os cidadãos dos juízes? Ou, de outro modo, como se legitima a função judicial.

O agir "em nome do povo" não é uma fórmula inócua no seu sentido teórico.

A legitimação judicial sustenta-se na imparcialidade e na independência das decisões dos juízes, permitindo aos cidadãos ter nos seus tribunais um grau de confiança e garantia absolutamente inequívocos.

Legitimação que pressupõe, assim, a visibilidade do esforço sério que é feito pelos juízes na investigação da verdade e da justiça nos casos que decidem.

O que fazem os juízes deve ser transparente, fundamentado e inequívoco. Porque só assim as decisões são reconhecidas, respeitadas, cumpridas e sobretudo aceites.

É exigido hoje ao juiz um esforço sério na actividade jurisdicional que desempenha: a informação, o conhecimento do mundo e do direito, a cultura judiciária são alguns dos requisitos fundamentais ao exercício do seu *munus*.

O que, desde logo se não compadece com regimes de acesso e formação profissional restringidos ao mínimo e muito menos com regimes de acesso "ad hoc" à judicatura.

Porque o princípio da confiança é o sustentáculo da nossa legitimação é afinal sobre a confiança que os cidadãos têm sobre nós que importa reflectir.

Não será difícil identificar pontualmente pontos negros na administração da justiça em Portugal. O diagnóstico está há muito feito e é ciclicamente posto em evidência de várias maneiras, nomeadamente sob a forma de redobradas informações sobre a "crise da justiça".

Litigiosidade galopante. Morosidade no tempo da decisão. Números elevados de cidadãos em prisão preventiva[27]. Recursos sobre recursos até à prescrição.

---

[26] Dados retirados de Carlo Guarnieri, *La giustizia in Italia*, 2001, pág. 118.

[27] Em Dezembro de 1998 existiam nos estabelecimentos prisionais portugueses 14 880 detidos sendo 4 250 presos preventivos, ou seja 28.7%. Em Dezembro de 1999 o número de detidos tinha descido para 13 093 e o número de preventivos era de 4 052, ou seja uma percentagem de 30.9%. Cfr. *Estatísticas da Justiça*, Gabinete de Estudos e Planeamento do Ministério da Justiça, 2000, pág. 252.

A todas estas certezas se responderá com uma enorme quantidade de causas exógenas aos próprios juízes, de forma a imputar a responsabilidade de tais situações a outras condicionantes, sendo certo que todas elas serão naturalmente "causas das coisas".

Mas será mesmo assim? Estarão os juízes virgens de qualquer responsabilidade no processo de erosão em que se encontra a justiça?

Que sentido têm muitas das decisões meramente formais, tantas vezes incompreensíveis aos seus destinatários?

Como explicar ao cidadão a ausência de decisão no seu caso concreto, quando, na "porta ao lado" outro cidadão vê o seu caso resolvido em tempo normal?

Como entender determinadas anulações de decisões de primeira instância, tantas vezes por questões meramente formais, que exigem a repetição de julgamentos em catadupa?

Será compreensível entender certas decisões relativas a prisões preventivas, que redundam pouco tempo depois em aplicação de penas suspensas ou mesmo multas?

E como explicar a omissão dos órgãos de decisão? Ou a sua intervenção tardia, mesmo que a coberto de interpretações legais meramente dilatórias, que suscitam desde logo a sensação de, na sua origem, estarem mais razões de natureza corporativa do que a resolução de reais problemas?

E a rotina no exercício da função?

E a conformação perante o "estado das coisas"?

Ao conjunto de perguntas deixadas em tom de reflexão e que, pelo seu âmbito, não permitem uma abordagem exaustiva, deixamos propositadamente a resposta ao debate, não sem antes questionar: que fazemos nós para contrariar isto?

Se tudo isto – e mais do que isto – é preocupante, a complacência indiferente ao que se vai passando é o que de mais atentatório pode responsabilizar os próprios juízes.

O que se resume afinal em tão pouco: o acriticismo judiciário. Ou a ausência de activismo judiciário.

Não é isso que esperam de nós os cidadãos. A indignação deve começar pela nossa própria casa. Quer ao nível da autocrítica a determinados procedimentos profissionais quer ao nível do inconformismo permanente perante a intervenção dos órgãos do Estado que colidam com os interesses e direitos de cidadania.

E o que se passa a nível de algumas questões concretas ao nível do direito transnacional é sintomático desse "não envolvimento" na sociedade que devemos servir.

E falamos sobretudo ao nível da enorme mudança do papel do juiz na nova ordem europeia.

Não falando já na legislação societária ou civil de natureza obrigacional – onde hoje, claramente não há fronteiras – importa atentar tão só no que se passa a nível do ordenamento jurídico processual penal.

O que parecia impensável há meia dúzia de anos é hoje uma realidade inequívoca: emitir mandados de captura para serem cumpridos em qualquer país da Europa dos quinze, admitir escutas telefónicas em Portugal requeridas por um magistrado do MP da Alemanha; ordenar buscas domiciliárias em Évora a requerimento de um qualquer magistrado holandês. E por aí adiante. Não fossem outros os exemplos bastaria atentar no recente processo de revisão da nossa Constituição onde a lógica da Europa globalizante foi rainha e senhora no pensamento do legislador constituinte – espaço judiciário europeu, TPI, cooperação judicial e até as buscas nocturnas foram envolvidas em tamanho afã europeísta sem que, diga-se, se ouvisse, publicamente, uma palavra de quem quer que fosse das instituições judiciárias, nomeadamente o Conselho Superior da Magistratura e a ASJP a tal propósito.

Os juízes portugueses são hoje juízes europeus e como tal detêm poderes específicos que não devem desconhecer.

Curiosamente não só o desconhecimento desses poderes é uma realidade, como sobretudo é enorme a confusão de poderes atribuídos na nossa ordem jurídica a outras autoridades judiciais, que não juízes, provocando equívocos, perplexidades se não mesmo situações concretas perfeitamente desadequadas com o quadro constitucional que nos rege. Falamos claramente do papel hoje atribuído ao Ministério Público na rede judiciária europeia e sobretudo ao papel chave que é por ele exercido em Portugal neste domínio.

Não que isso traga qualquer problema de maior, quando esses poderes sejam controlados sempre por quem detém o único poder constitucional – e mesmo supra constitucional – de garantir os direitos fundamentais. E esse é claramente o juiz. O que, no entanto, suscita algumas dúvidas na situação jurisdicional portuguesa actual.

Há necessidade de constituir pontos de contacto entre os juízes portugueses e os juízes da Europa? É claro que há. Quem os deve estabelecer e de que forma? O Conselho Superior da Magistratura.

Há necessidade de controlar em Portugal inequivocamente toda a actividade investigatória transnacional que possa colidir com os direitos fundamentais? É claro que há. Quem o deve fazer? Os juízes portugueses.

Há necessidade de trabalhar directamente com juízes de outros países europeus? Como fazê-lo e em que circunstâncias? Directamente, entre os juízes ou através do Conselho Superior da Magistratura.

Mas ser juiz na Europa não é só ser juiz em Portugal. A radical mudança do paradigma territorial que sustenta, ainda hoje, a legislação penal e processual está claramente em mutação.

Julgar hoje cidadãos "do mundo" em tribunais internacionais não é ficção cientifica. Claramente que o julgamento de todos esses cidadãos não pode deixar de assentar em regras e princípios decorrentes do direito a um processo justo. Onde a independência e a imparcialidade dos juízes são factores fundamentais, quer de garantia quer de legitimação desses tribunais.

Quem nomeia os juízes portugueses nos órgãos jurisdicionais internacionais? Com que critérios?

Qual a legitimidade destes juízes?

Estas são algumas das perguntas que devem ser feitas. Mesmo que as respostas não agradem a todos.

Por outro lado, a existência de um Tribunal Europeu dos Direitos do Homem transmite hoje a todo o cidadão Europeu a ideia de que há uma linha horizontal de protecção dos seus direitos fundamentais, da "Ponta de Sagres à Lapónia", que é hoje seguramente homogénea.

Muito se tem feito em prol do cidadão europeu com a jurisprudência do Tribunal Europeu dos Direitos do Homem. Não pode pensar-se hoje o direito e a sua aplicação em qualquer País da Europa sem uma análise do que vem sendo decidido por aquele Tribunal. Mesmo que seja para o criticar.

Onde está a jurisprudência dos tribunais superiores que fundadamente põe em marcha o direito processual penal europeu?

Para dar um exemplo. O TEDH tem sistematicamente questionado o regime normativo de vários países[28] – entre eles Portugal[29] – no que res-

---

[28] Ver, por todos, o caso Castillo Algar contra Espanha, decisão de 28 de Outubro de 1998, publicado e analisado por José Ricardo de Prada Solaesa, *Jueces para la Democracia*, n.º 34, Marzo, 1999.

[29] Caso Saraiva de Carvalho contra Portugal, decisão de 22.04.1994, publicada na *Sub Judice*, n.º 7, pág. 187.

peita à necessidade de entender o juiz de julgamento como um juiz verdadeiramente imparcial, longe de qualquer intervenção substancial na fase de investigação.

O juiz que julga deve fazê-lo livre de qualquer suspeita de imparcialidade, nomeadamente a adveniente de uma intervenção nas anteriores fases do processo.

Não está tal princípio consagrado plenamente no nosso ordenamento processual penal, na medida em que possibilita, por exemplo, que o juiz que admite escutas telefónicas ou aplica medidas de coacção no inquérito e intervenha posteriormente no julgamento – contrariamente, diga-se ao que se passa em grande parte dos países europeus e mesmo da posição do TEDH.

E tal situação existe por opção legislativa, com a cobertura do Tribunal Constitucional e com um manto de silêncio dos restantes tribunais superiores.

Que sentido crítico têm afinal os juízes?

A referência a estas decisões não tem apenas o valor de uma "dissenting opinion". Consequência dessa omissão legislativa e jurisprudencial poderá ser uma futura condenação do Estado Português no TEDH. O que aliás não é propriamente novidade.

Se a responsabilidade primeira das condenações do Estado Português num tribunal internacional é efectivamente dos órgãos representativos do Estado, o silêncio da jurisprudência na crítica aos procedimentos legislativos que violem princípios e direitos assentes e aceites pelo Estado Português em Convenções Internacionais torna claramente cúmplice dessa situação os próprios tribunais.

As leis são pelos juízes interpretadas e aplicadas. Quando elas não respeitam os princípios a que estão obrigados então é obrigação dos tribunais questioná-las e se necessário não as aplicar.

Infelizmente não estamos no domínio da realidade virtual. Leis violadoras de princípios supra constitucionais e aplicações de tais leis pelos tribunais de forma acrítica foram já sujeitas a sindicância do TEDH. O caso dos meios de prova relacionados com a conduta de agentes infiltrados/provocadores[30], aceites num primeiro momento pelo Supremo

---

[30] Caso Teixeira de Castro contra Portugal, decisão de 9 de Junho de 1998, Publicada na *Revista do Ministério Público*, Ano 21, Janeiro-Março de 2000, pág. 155, com anotação de Eduardo Maia Costa.

Tribunal, as condenações do Estado Português por virtude de condenações por crime de abuso de liberdade de imprensa[31] são exemplos sobre os quais afinal não se reflectiu devidamente.

Por vezes apetece perguntar: afinal onde estão os juízes?

Não há, nem se pretende um governo de juízes.

Mas são estes que devem em última instância, corrigir o que os governos não souberam ou não quiseram fazer, quando estão em causa direitos fundamentais do cidadão. Sem medo. Mas com profissionalismo.

É este o papel do juiz perante o cidadão que o legitima. Perante, afinal a opinião pública.

E sobre este exercício do poder não temos que pedir "desculpa por qualquer coisinha".

---

[31] Caso Gomes da Silva contra Portugal, decisão de 28.9.2000, Publicada na *Sub Judice* n.º 15/16, Novembro de 2000, pág. 85 com a notação de Francisco Teixeira da Mota.

O JUIZ DE INSTRUÇÃO EM PORTUGAL: A IDADE MAIOR DE UM JUIZ DE GARANTIAS *

I. Em momentos de monitorização sobre a validação de determinados sistema importa iniciar a discussão identificando a finalidade do modelo que se pretende avaliar, ou, o que será mesmo, o que se quis afinal com a escolha de um modelo processual assente na figura do juiz de instrução como juiz das garantias.

Vale a pena para isso chamar à discussão uma abordagem menos pragmática e mais densificadora para porventura se entender o que se quis e o que se quer.

Paul Ricouer, recentemente falecido, dizia que a «justiça substitui o curto circuito da vingança pela colocação à distância dos protagonistas, cujo símbolo em direito penal é o estabelecimento de um distanciamento entre o crime e o castigo».

O mesmo filósofo perguntava de uma forma inequivocamente certeira como poderá ser instituido um tal distanciamento senão pela intervenção de um terceiro que não seja nenhum dos protagonistas?

É afinal este «terceiro imparcial» que possibilita uma adesão inequívoca à decisão judicial, seja ela a decisão que extingue ou decide o conflito, seja a decisão que restringe direitos fundamentais em nome da concretização de outros valores estabelecidos na lei.

É hoje, no quadro normativo supra constitucional onde nos inserimos, claro e inequívoco o direito fundamental do cidadão ao acesso a um juiz independente e imparcial, seja quando é por este julgado seja quando vê, através de decisão sua, restringidos os direitos fundamentais no âmbito do processo penal.

---

* Conferência efectuada em Junho de 2005, no Centro de Estudos Judiciários, no Colóquio Internacional «O Juiz de Instrução enquanto Juiz de Liberdades».

Tal quadro normativo, densificado no espaço europeu através da jurisprudência do TEDH, levou inclusivé a mudanças estruturais em determinados países, de que é exemplo a França, que, com a Lei de 15 de Junho de 2000 criou naquele País a figura legal do «juiz de liberdades».

Esse é o modelo que desde 1988 estrutura o sistema processual penal português.

Dezoito anos de praticabilidade deste modelo jurisdicional permite sem dúvida alguma efectuar uma avaliação adequada do que tem sido desenvolvimento do papel de juiz de instrução.

Mas, também, não antecipando conclusões, uma afirmação da sua validade inequívoca como elemento legitimador do sistema.

O papel da jurisdição continua a ter na audiência de julgamento o seu «portal» fundamental.

No entanto quem não reconhece hoje a absoluta relevância do papel do juiz de instrução no desenrolar do procedimento?

Será aliás legítimo exigir que se traduza na legislação do ordenamento judiciário esse papel absolutamente relevante do juiz que efectua interrogatórios judiciais, aplica medidas de coacção, legitima intercepções telefónicas, autoriza recolha de imagens, decide da validade da acusação, enfim, pratica «a quente» e muitas vezes com enormes dificuldades, um conjunto de actos que marcam definitiva e inelutavelmente a vida de um qualquer cidadão.

E que deixam uma marca indelével, pela sua relevância, na própria imagem do sistema de justiça.

Dezoito anos de vigência deram inúmeros testemunhos disso.

A estabilização de um modelo decorrente do seu crescimento impõe que se aprofunde o papel do juiz de instrução no procedimento.

Da dimensão organizativa do que deverá ser não só um juiz mas porventura um tribunal, à dimensão da sua estrutura normativa no processo, várias são as questões a suscitar debate.

É na questão da legitimação do juiz, através da dimensão da imparcialidade que se desenham novas perspectivas no modelo.

É hoje inequívoco que o juiz só é imparcial se estiver disponível a decidir somente com base nas provas legitimamente carreadas para o momento da decisão sobre o seu objecto que, naquele momento e circunstâncias, deverá ser por si analisado.

Sem qualquer pré-juízo fundado em interesses subjectiva ou objectivamente identificáveis, decorrentes de intervenções anteriores no processo.

Exige-se hoje em permanência a intervenção jurisdicional, quer na fase investigatória propriamente dita, em momentos individualizados, quer na fase jurisdicional antecipatória da pronúncia.

O distanciamento do juiz de julgamento, em relação a intervenções processuais que tenha efectuado em fases anteriores do processo começa a ser uma exigência no direito europeu, após várias intervenções do TEDH em decisões proferidas com alguma regularidade.

Casos como «Hauschild contra Dinamarca», «Saraiva de Carvalho contra Portugal», «Castillo Algar contra Espanha» e mais recentemente «Perote Pellon contra Espanha» têm permitido traçar um caminho não isento de hesitações, mas que se sustenta no princípio do reforço inequívoca da tutela da imparcialidade objectiva.

O sistema jurídico português não está também isento de críticas, tendo em atenção a existência de soluções normativas discutíveis, como é o caso da possibilidade de o juiz que intervém no processo de autorização e validação de escutas ou que aplica medidas de coacção possa, sem qualquer impedimento, no mesmo processo, efectuar ou participar no julgamento.

Devem aprofundar-se os mecanismos que legitimam a decisão através da tutela da imparcialidade.

Será esse o caminho a percorrer. Onde não estamos sós. Noutros países da Europa, de que tem sido exemplo a Itália e mais recentemente a França, parece ser essa a alinha de orientação em evolução.

II.[32] Como é sabido a identificação normativa substanciada na Lei de autorização legislativa n.º 43/86 de 26 de Setembro, que estabelece o sentido e a orientação do Código de Processo Penal de 1988, nomeadamente no seu artigo 2.º n.º 2 pontos 45), 52) e 63)[33] veio delinear a estrutura e o papel do Juiz de instrução.

É certo que as reformas dos processos penais germânico[34] e italiano, precedentes à reforma do processo penal português, são estruturalmente

---

[32] Seguimos neste capítulo de perto parte do nosso trabalho, "*A tutela da imparcialidade endoprocessual no processo penal português*", Coimbra, 2005, nomeadamente págs. 22 e seguintes.

[33] Sobre a "história" da reforma do CPP, até pela inexistência de actas da Comissão Revisora, cfr. José António Barreiros, *Sistema e Estrutura do Processo Penal*, Lisboa, 1997, págs. 57 e ss.

[34] Pese embora o processo penal alemão resultar de uma lei originária de 1 de Fevereiro de 1877 e que entrou em vigor em 1 de Outubro de 1879 foi modificado até aos nos-

identificáveis, senão coincidentes, com o CPP, nomeadamente a nível do perfil judiciário[35] consagrado.

A reconceptualização da figura do Ministério Público e a consequente atribuição da direcção da fase investigatória, o papel garantístico do juiz nas fases preliminares e a aquisição judicial das provas para a decisão numa fase oral, contraditória e imediatamente perante um juiz, surgem como instrumentos caracterizadores dos modelos analisados.

Vale a pena atentar mais pormenorizadamente nesta estrutura.

II.1. *A recusa do juiz como titular da fase de investigação*

Estabeleceu-se que é ao Ministério Público, coadjuvado pelos órgãos de polícia criminal, que compete investigar a notícia do crime e de proceder às determinações inerentes à decisão de acusação ou não acusação.

Ou seja afastou-se o regime processual da fórmula do juiz instrutor, ou do juiz como titular da fase investigatória – e não de uma fase jurisdicionalizada, mesmo que prévia à fase de julgamento – que investigue o crime e proceda à recolha probatória com vista ao apuramento da verdade, a efectuar num julgamento.

Uma antecipação do legislador português a um modelo que veio a ser adoptado por outros no sentido de atribuir a um magistratura autónoma a assumpção da responsabilidade, não só do exercício da acção penal, como da investigação[36].

Não mais ao juiz se possibilita o comando de actuação perante o Ministério Público[37].

---

sos dias por mais de 100 leis que o adaptaram às exigências do tempo – cfr. Claus Roxin, in Prólogo ao *Código Penal Alemán (StGB) e Código Procesal Penal Alemán (StPO)*, Marcial Pons, Madrid, 2000, pág. 214. As reformas a que se faz referência são essencialmente as efectuadas em 1964 e em 1974 (1.StVRG de 1974).

[35] A afirmação e a constatação das semelhanças estruturais é, curiosamente, efectuada por um espanhol, Ernesto Pedraz Penalva in *Derecho Processual Penal I*, Colex, Madrid, 2000, pág. 118.

[36] É evidente que o modelo português não era já então um modelo isolado. Recorde-se que a semelhança estrutural entre o CPP e o CPPit que entrou em vigor em 24 de Outubro de 1989, mas que se sustentava na legge-delegata 16 febbraio 1987 n. 81, que estabeleceu então em 105 directivas os princípios conformadores do que haveria de ser o novo código, são tão evidentes que não é difícil falar numa mesma matriz "genética" originária dos dois diplomas.

[37] No mesmo sentido em relação ao processo penal germânico, cfr. Claus Roxin, *Derecho Procesal Penal*, Editores del Puerto, Buenos Aires, 2000, pág. 73.

A assumpção da separação de funções é agora inequívoca. Assim se consegue concretizar o máximo de acusatoriedade que é sustentado como pilar do processo penal.

É na assumida diferenciação funcional, no processo penal, da actividade do Ministério Público e do Juiz (de julgamento ou de instrução) que reside afinal a *ratio* da estrutura acusatória do processo.

Mudança de papeis, ou «corte na conexão organizativa» entre o MP e o juiz[38], entidades que no processo penal representam a ordem institucionalizada na sua totalidade, no sentido de que tornam possível a existência das instituições de modo perene, como presença real na experiência dos indivíduos[39].

É inequívoco que a visão funcional do juiz e do Ministério Público assume uma importância estratégica na visão e no modelo do processo.

Representando não apenas esta ou aquela instituição mas a integração de todas as instituições num mundo dotado de sentido, os papeis atribuídos ao Juiz e ao Ministério Público ajudam a manter essa integração institucional na consciência e na conduta dos membros da sociedade[40].

A mudança de papeis, assumindo claramente uma diferenciação funcional, significa um fortalecimento do princípio da imparcialidade judicial ao deixar o papel do juiz, por um lado e primordialmente, para a para a fase de audiência reservando, por outro lado, a sua função na fase investigatória à tutela dos direitos liberdades e garantias.

II.2. *A jurisdicionalização dos actos que tutelam direitos fundamentais*

Num segundo esteio estrutural, impõe-se que a prática de actos que directamente se prendam com os direitos fundamentais das pessoas devem ser presididos, praticados ou autorizados pelo juiz.

---

[38] Cfr. Carlo Guarnieri, Patricia Pederzoli, *Los jueces y la política*, Taurus, Madrid, 1999, pág. 173 onde, claramente assumem a defesa da separação organizativa e institucional entre MP e Juiz, ainda que não se deva tratar de uma separação rígida que impeça por completo a passagem de um corpo para o outro, como garantia sobretudo da protecção da imparcialidade do juiz.

[39] Cfr. Peter L. Berger, Thomas Luckman, *A Construção social da realidade*, Dinalivro, Lisboa, 1999, pág. 85.

[40] Cfr. Peter L. Berger, Thomas Luckman, *A Construção...*, cit. pág. 86 concluindo daqui que os papeis assumem, por isso uma relação especial com aparelho legitimador da sociedade.

Assumindo o princípio da garantia judiciária, no sentido da absoluta necessidade da intervenção jurisdicional em actos motivados por toda a restrição às liberdades individuais[41], concretiza-se o imperativo constitucional decorrente do artigo 32.º n.º 4, parte final da CRP.

Os direitos fundamentais como posições de valor, exigem a protecção perante todas as formas de poder, social, económico e político, aqui se incluindo claramente o próprio legislador.

A própria extensão ou reafirmação dos direitos fundamentais como projecção de proclamados direitos do homem, antes e acima da lei[42], assume hoje um cariz inequívoco e mesmo exponencial.

Entender as suas restrições e os mecanismos que as sustentam exige, por isso, uma abordagem cada vez mais sensível.

As restrições constitucionais aos direitos fundamentais em matéria de processo penal embora não assumam a natureza de um limite imanente, no sentido de que o âmbito da protecção constitucional exclui em termos absolutos a forma do seu exercício, resultam de uma intervenção normativa dos poderes públicos para salvaguarda de valores constitucionais, expressamente concedida pela própria Constituição[43].

Essa delegação constitucional num determinado órgão, também ele constitucionalmente pré-determinado, com capacidade para restringir os direitos atribui-lhe um carácter inequívoco de guardião dos direitos individuais.

Isso significa, como uma das consequências do carácter jurídico-positivo e não meramente programático dos preceitos relativos aos di-

---

[41] Idêntica assumpção foi também estabelecida no CPPit, também aqui por decorrência da Constituição da República Italiana, artigo 13.º. 2 – cfr. Mireille Delmas-Marty, *Procédures Pénales d'Europe*, Puf, Paris, 1995, pág. 291. De igual forma no sistema germânico se atribuiu ao «juiz da investigação» a legitimidade para tomar medidas na fase investigatória cuja competência está legalmente atribuída a um juiz (§ 162 do StPO). Sobre as actividades do «juiz da investigação», o seu âmbito e as suas relações com o Ministério Público, cfr. Claus Roxin, *Derecho Procesal Penal,* Buenos Aires: Editores del Puerto, 2000, págs. 73 e 74.

[42] Assim e neste sentido refere Castanheira Neves in «Entre o legislador, a sociedade e o juiz», *Boletim da Faculdade de Direito da Universidade de Coimbra*, Vol. LXXIV, 1998, pág. 5. Cfr. também, António de Cabo e Gerardo Pisarello in Luigi Ferrajoli, *Los fundamentos de los derechos fundamentales*, Editorial Trotta, Madrid, 2001, pág. 11.

[43] Cfr. José Carlos Vieira de Andrade, *Os Direitos Fundamentais na Constituição Portuguesa de 1976*, Almedina, Coimbra, 1987, pág. 228.

reitos liberdades e garantias, que a prevalência dos direitos fundamentais se afirme, não só ao nível da validade, mas também da aplicabilidade.

Daí que o juiz é realmente a entidade adequada para determinar o sentido dos preceitos.[44] Guardiões dos direitos individuais são os juízes nas sociedades democráticas que encarnam a consciência jurídica da comunidade e constituem a linha última de defesa da liberdade e da dignidade dos cidadãos.[45]

O entendimento do processo penal como procedimento para garantir a realização da justiça e a descoberta da verdade, por um lado e o restabelecimento da paz jurídica posta em causa pelo crime, por outro não pode deixar de sustentar-se sempre na protecção dos direitos fundamentais[46].

Qualquer que seja a sua fase processual. A jurisdicionalização de actos que ponham em causa esses direitos é, assim, inevitável[47].

Também no sistema germânico se consagrou a existência de um juiz com competências reservadas na área da investigação, a serem exercidas sempre a pedido ou do Ministério Público ou do arguido, quando estão em causa a prática de medidas graves, necessárias à investigação, que colidam com direitos fundamentais. Note-se que o «juiz da investigação» não pode realizar investigações próprias, sendo essencialmente a sua actuação pautada pelo exame da medida requerida em termos de admissibilidade, com base, por exemplo em juízos de proporcionalidade na restrição de direitos que é pressuposta, mas nunca em termos de utilidade da sua intervenção na investigação.

Em França, como se referiu, a Lei de 15 de Junho de 2000, que criou a figura legal do «juiz de liberdades» não foi no entanto tão ambiciosa na concretização de um perfil judiciário idêntico[48], pese embora os «pequenos passos» dados com a atribuição da competência para alguns actos res-

---

[44] Cfr. José Carlos Vieira de Andrade, *Os Direitos...*, cit. pág. 257.
[45] José Carlos Vieira de Andrade, *Os Direitos...*, cit. pág. 339.
[46] Foi essa aliás a finalidade subjacente ao pensamento do legislador de 1987 – cfr. Figueiredo Dias e Alberto Martins, Debate Parlamentar sobre a revisão do CPP, *DAR*, I Série, n.º 71 de 21-5-98, pág. 2450.
[47] No que respeita ao sistema germânico, cfr. Claus Roxin, *Derecho...*, cit. pág. 73. Sobre as várias medidas que no StPO são da competência do juiz de investigação, cfr. ob. cit. pág. 74.
[48] Crf, neste sentido Marcel Lemonde, «Le juge des libertés et de la détention: une réelle avancée», Revue de Science Criminelle, Jan. Mars. 2001 pág. 51.

tritores de direitos a um juiz autónomo do juiz de instrução – que em França como se sabe ainda «domina» a investigação criminal.

Porque jurisdição quer afinal dizer garantia: antes de mais garantia da posição de independência e imparcialidade do órgão investido da função de julgar[49].

Ora só o juiz está em condições de oferecer estatutariamente essa garantia na arquitectura processual estabelecida.

II.3. *A diferenciação entre o juiz de instrução e o juiz de julgamento*

Num terceiro «pilar» estruturante é clara, também, a diferenciação entre o juiz competente para a facultativa fase de instrução bem como o juiz que deverá exercer as funções jurisdicionais relativas ao inquérito[50] e o juiz que for incumbido do julgamento.

Exige-se para além disso a diferenciação na assumpção de papeis diversos "no interior" do mesmo processo.

Trata-se aqui da institucionalização da isenção absoluta do juiz como obrigação para um parecer objectivo e imparcial que neutralizará as relações do juiz julgador com o procedimento[51]. Nomeadamente com as suas intervenções ocasionadas pela necessária intervenção jurisdicional nas fases preliminares do processo.

Para a validade do próprio procedimento, ou como condição da sua legitimação, cada procedimento tem de principiar sob condição prévia de qualquer coisa poder vir a ser outra coisa[52].

Torna-se essencial, por isso, criar condições para que esse "tables turning" possa acontecer sem margem para quaisquer dúvidas ou equívocos.

---

[49] Cfr. Satta, citado por Siracusano, *Diritto Processuale Penale*, Milano, Giuffrè Editore, 2001, pág. 34.

[50] Não pode ser outra a interpretação da opção do legislador do CPP ao estabelecer a competência do juiz de instrução no artigo 17.º no sentido de «proceder à instrução, decidir quanto à pronúncia e exercer as funções jurisdicionais relativas ao inquérito».

[51] Cfr. Niklas Luhman, *Legitimação pelo Procedimento*, Brasília, Editora Universidade de Brasília, 1980, pág. 57, a propósito da diferenciação do papel do juiz no procedimento, mas em função de outros intervenientes.

[52] É absolutamente impressivo Luhman, quando refere que «*a sentença não pode já ser tão facilmente obtida a partir de preconceitos. No lugar de preconceitos têm de entrar pré-conceitos, no sentido de ideias pré-concebidas ou decisões legais que já não estabelecem o caso isolado e deixam em suspenso sobretudo a questão da verdade da afirmação dos factos*», cfr. *Legitimação...*, cit. pág. 58.

Se a atribuição da titularidade da fase investigatória a uma magistratura diferenciada é uma das estruturas do novo processo, a compatibilização constitucional do modelo fica assim garantida pela concretização de uma fase intermédia, da responsabilidade de um juiz. Mas não por aquele que a final irá proceder ao julgamento.

A diferenciação entre o juiz que preside àquela fase e que, por isso, profere decisão de enviar a julgamento, ou não, qualquer cidadão, e o juiz que vai efectuar esse julgamento constitui o denominador mínimo do princípio da acusação, ou seja a distinção material (e não apenas formal) entre o órgão que realiza a instrução e o órgão que julga.

É, ainda, a diferenciação como fonte de legitimação do julgador que importa reter.

II.4. *A valoração jurisdicional e contraditória das provas em julgamento*

Identifica-se por último um derradeiro «pilar» que fecha o círculo da sustentação do modelo.

Ou seja o estabelecimento da proibição, salvo em casos excepcionais, de valoração em julgamento de quaisquer provas que não permitam o estabelecimento do contraditório em audiência.

Trata-se de afirmar o momento crucial da audiência de julgamento como palco único da apreciação dos factos imputados onde se apresentam e debatem as provas adquiridas ao longo das fases preparatórias, se contraditam e finalmente são valoradas de acordo com esse debate.

A audiência é "o sítio"[53] processual onde resulta a aplicação dos princípios do processo, por virtude do enfrentamento e colaboração necessários de todos os sujeitos intervenientes[54].

O papel fundamental do juiz na audiência é inequívoco. Este é o seu mundo.

---

[53] E não "um" sítio do processo. O papel do juiz na hora de julgar e sobretudo a exigibilidade da sua imparcialidade na hora de comprovar os factos e as provas é também um dos requisitos estruturais do processo penal italiano sublinhado por Ferrajoli – cfr. *Derecho y razón*, cit. pág. 737.

[54] Sobre audiência como campo de interacção dos sujeitos do processo, no sistema germânico, cfr. Ellen Schluchter, *Derecho Procesal Penal*, Tirant lo Blanch, Valência, 1999, pág. 109.

A prova idónea a orientar e fundamentar a deliberação forma-se em audiência de julgamento e, não obstante algumas excepções, exclusivamente neste momento, seguindo os princípios da oralidade, da imediação, do contraditório e da publicidade[55].

Permite-se ao juiz o máximo de inquisitório, no sentido de que tudo deve puder fazer para investigar *ex officio* todos os factos relevantes e necessários para a prova. É esse o sentido do artigo 340.° do CPP.

A esta possibilidade ampla dada ao juiz de conhecimento das coisas na audiência, contrapõe-se a restritiva, senão mesmo excepcional, possibilidade de valoração de provas adquiridas nas fases anteriores ao julgamento.

O que também se passa nos sistemas germânico e italiano.

No processo penal germânico é assumida a natureza excepcional da admissibilidade da leitura de declarações prestadas em fase anterior do processo e a sua valoração no processo. A interpretação extensiva da norma (§ 251, I, n.° 2 do STPO) que permite em casos excepcionais a leitura de declarações de testemunhas, peritos ou coarguidos, em julgamento, não é de todo admissível.[56]

No sistema processual italiano tem-se constatado alguma evolução ao modelo inicial rígido de possibilidade de valoração de provas anteriormente adquiridas no processo, no sentido de um regime menos exigente e por isso mais aberto à valoração de provas adquiridas anteriormente. Tal evolução não condiciona nem a absoluta imparcialidade do julgador – que não interferiu na aquisição dessas provas – nem a exigência de legalidade na aquisição dessas provas.[57]

Tudo isto para sublinhar que o conhecimento antecipado do objecto do processo falsearia as expectativas dos intervenientes, minando por completo a garantia de um processo justo.

Assumir que no debate oral, sujeito à imediação e ao contraditório sobre as provas que sustentam o objecto do processo, deve prevalecer a «virgin mind»[58] do juiz configura um dos instrumentos que

---

[55] Assumindo a prevalência da audiência como momento chave de todo o processo, no domínio do processo italiano – cfr. Ernesto Pedraz Penalva, *Derecho...*, cit. pág. 126.

[56] Claus Roxin, *Derecho...*, cit. pág. 395.

[57] Cfr. Paolo Tonini, *La prova penale*, Cedam, 1999, págs. 55 e ss.

[58] Cfr. sobre o conceito, Giuseppe Inzerillo, «Il dificile equilibrio tra diritto al giusto processo e valore dell'imparzialità del giudice penale», *Giurisprudenza Costituzionale*, Anno XLIII, 1998, Fasc. 2.

sustentam o paradigma processual decorrente do modelo assumido pelo Código[59].

Uma intervenção prévia ao momento adequado à produção das provas, que levasse à formação de uma convicção antecipada sobre a participação nos factos objecto de prova e debate em julgamento, claramente que viria a contaminar o processo, que se exige limpo e transparente, dessa forma de aquisição do direito. Pondo em causa a confiança do sistema e por isso a validade do próprio paradigma, antecipando porventura um estádio preparadigmático[60].

III. Efectuado o percurso de conhecimento do modelo e da estrutura de um juiz de garantias, importa regressar à essência da intervenção.

Como legitimar o papel do juiz de instrução?

Para além das questões orgânicas vale a pena sublinhar o valor que assume hoje a tutela da imparcialidade, integrada na acepção de processo justo.

Trata-se de assegurar uma rede normativa de garantias, identificada processualmente com o regime das incompatibilidades[61], dos impedimentos, das recusas e das escusas do juiz no processo.

O que se pretende é tão só: a) garantir um juiz idóneo que assume a posição de terceiro perante as partes processuais; b) garantir que uma parte pública exerça a acusação segundo um agir leal e segundo critérios de estrita objectividade; c) garantir que uma parte privada não condicionada no exercício dos seus direitos fundamentais possa contrapor, sobre um plano de paridade à acusação as suas razões defensivas; d) garantir um mecanismo de prova efectuado com publicidade para um controlo social da decisão; e) garantir um sistema que recuse considerar o arguido culpado antes que a sua responsabilidade seja legalmente determinada[62].

---

[59] Neste sentido relativamente à apreciação que faz do sistema italiano, cfr. Ernesto Penalva, *Derecho Procesal...*, cit. pág. 128.

[60] Sobre o conceito de estado preparadigmático, cfr. Stefan Amsterdamski, «Paradigma», cit. pág. 294.

[61] Cfr. neste sentido P. P. Rivello, *L'incompatibilità del Giudice Penale*, Milano, Giuffrè Editore, 1996, pág. 48.

[62] Assim A. Dalia, M. Ferraioli, *Manuale di diritto processuale penale*, 3.ª ed. Cedam, Padova, 2000, pág. 101; no mesmo sentido D. Chiara, *L'incompatibilità endoprocessuale del Giudice*, Torino, 2000, pág. 6.

Para isto exige-se a configuração e previsão de normas que impeçam qualquer tipo de suspeita sobre o exercício da acção de julgar de modo a condicionar o juízo que este terá que proferir e o entendimento que dele tenham os cidadãos.

Ou o que é o mesmo, só se torna compreensível a cumulação funcional de intervenções jurisdicionais quando cumprido um conjunto de mecanismos que dote o processo de garantias da imparcialidade de quem julga.

Se é inequívoco que esses mecanismos foram parcialmente garantidos pelo legislador, a consciencialização do papel relevantíssimo do juiz de instrução permite questionar se esses mecanismos de tutela não foram «curtos».

No sistema português a perplexidade resulta de que apenas configura situação de impedimento do juiz de instrução à participação no julgamento quando efectua a pronúncia ou quando aplica e mantém a prisão preventiva.

Na progressão horizontal do processo, a dimensão interna do impedimento do juiz de julgamento que exerceu funções jurisdicionais no mesmo processo nasce da tensão dialéctica entre uma sede prejudicante, da qual deriva o risco do *prejudicium* e a sede prejudicada, onde os efeitos do mesmo são reflectidos.

A determinação concreta do que torna a intervenção jurisdicional no decorrer do inquérito ou da instrução como prejudicante em relação à intervenção do mesmo juiz no mesmo processo na fase de julgamento, deve assumir uma forte consistência capaz de não provocar equívocos susceptíveis de pôr em causa a própria legitimidade de quem julga.

Essa determinação concreta deve assentar em critérios claros que identifiquem o *prejudicium* radicando num entendimento geral e abstracto e não numa avaliação casuística.

Por isso deve estabelecer-se um critério, objectivo e abstractamente concretizável, que sustente o instituto do impedimento do juiz no julgamento, que participa em anteriores fases do procedimento.

Critério que não assume a posição maximalista da incompatibilidade absoluta de funções – e que certamente traria a resposta para todas as dúvidas dogmáticas suscitadas, mas que colidiria com a dimensão real das coisas ou numa outra formulação não é compatível com a concretização de um modelo processual válido assente no jogo de compatibilização entre o desejável e o exequível.

Critério que atenta no juízo formulado pelo juiz nas suas intervenções, sobre a participação do arguido no facto punível.

Ou seja um critério assente na valoração da consistência de uma hipótese de acusação que é judicialmente efectuada em cada uma das intervenções.

Critério que afinal consubstancia o verdadeiro papel do juiz de instrução, não o transformando em mero «tabelião».

É aqui que residirá o momento objectivo que fundamentará a formação de um pré-juízo.

Mas não um qualquer pré-juízo. Um pré-juízo capaz de fazer temer pela manutenção da imparcialidade do juiz julgador que tendo efectuado uma tal avaliação venha a efectuar um julgamento.

Porque a valoração do conteúdo da hipótese da acusação assume cambiantes diversificados importa atentar especificamente no leque de intervenções efectuado pelo juiz de instrução no decurso das fases preliminares do processo.

É esse leque variado de intervenções que possibilita a medição do grau de imersão do juiz no âmbito do objecto do processo, assim se identificando o âmbito do pré-juízo que põe em causa a imparcialidade do julgador.

A intervenção jurisdicional sucessiva, no mesmo processo, em diferentes fases processuais deve por isso ser estanque, garantindo assim a ausência de fontes de pré-juízos que possam condicionar a intervenção jurisdicional.

A identificação de uma «carta de impedimentos», ou de outro modo o estabelecimento geral e abstracto das causas de impedimento do juiz que intervém nas fases preliminares do processo assume o propósito de fazer radicar o valor da imparcialidade no núcleo estrutural do processo justo.

Dessa forma reduz-se a margem de discricionariedade subjacente a um modelo não diferenciado de tutela da imparcialidade, assente na alternativa de causas de impedimento e causas de recusa do juiz, onde é claramente maior o risco de colocar a imparcialidade numa dimensão intimista, subjectiva e virtualmente incontrolável.

Esta solução concretiza o direito a um processo justo onde a imparcialidade do tribunal aparece abstracta e genericamente garantida.

Não há processo justo sem um tribunal imparcial.

É por isso que a identificação de uma carta de impedimentos assume o propósito de fazer radicar o valor da imparcialidade no núcleo estrutural do processo justo e não apenas num jogo de incompatibilidades, recusas e escusas deixando a garantia da imparcialidade do tribunal ao dispor dos seus destinatários.

Fechando o círculo, chegaremos, com esta perspectiva, ao núcleo que permite identificar uma inequívoca idade maior do juiz de instrução.

Que, claramente, reforça a sua legitimidade.

III PARTE
INVESTIGAÇÃO CRIMINAL E PROCEDIMENTO

A RESPONSABILIDADE CIVIL DO ESTADO PELA PRIVAÇÃO DA LIBERDADE DECORRENTE DA PRISÃO PREVENTIVA [*]

I. Introdução

Se há direito fundamental cuja densificação não permite grandes divergências é absolutamente inequívoco que o direito à liberdade se encontra nessa situação.

Todo o cidadão ter "direito à liberdade" assume uma precisão normativa e um carácter tão inequívoco[63] que, dir-se-ia ser o artigo 27.º n.º 1 da Constituição da República quase um símbolo de um programa garantístico que nenhum cidadão aliena.

O direito à liberdade do cidadão é hoje não apenas indiscutível como também impossível de sujeição a qualquer restrição que não nos casos restritamente explicitados na Constituição e na Lei.

A sua restrição é por isso apenas admitida em circunstâncias excepcionais e só estas podem suscitar uma não oposição por parte do cidadão ao constrangimento de um dos direitos que afinal têm movido o mundo: o direito à liberdade.

E se as restrições à liberdade apenas se legitimam pelo seu carácter excepcional, parece claro que mesmo aquelas restrições exigem uma

---

[*] Texto que constitui, na essência o relatório apresentado no Curso de Mestrado em Ciências Jurídico Criminais, da Faculdade de Direito da Universidade de Coimbra, na cadeira de Direito Civil I, em Maio de 2001.

[63] O direito fundamental à liberdade como um dos direitos da primeira geração decorrentes das revoluções francesas e americanas, por contraposição aos chamados direitos das segunda, terceira e quarta geração, pode ver-se em Gomes Canotilho, *Direito Constitucional e Teoria da Constituição*, 3.ª edição, Coimbra 1999, pág. 362.

absoluto controlo, quer por quem tem legitimidade para adoptar essas restrições, quer pelas razões e pelo modo como são restringidas, quer sobretudo pelo tempo absolutamente pré determinado a que deverá obedecer tal restrição.

Absolutamente insustentável será, de outro lado, a desresponsabilização de quem restrinja, sem fundamento essa liberdade.

Se a nível da tutela penal que não tolera restrições à liberdade é claro e inequívoco o ordenamento jurídico, a tutela civil dos danos decorrentes das restrição à liberdade não sofre também, hoje, qualquer contestação.

Questão mais complexa configura no entanto a hipótese de ser o Estado, através dos seus órgãos jurisdicionais quem restringe a liberdade, e, mais precisamente, quando se constata, a jusante, que essa restrição não suscitou qualquer consequência em função do que tinha sido a sua razão de ser[64].

Suscitar a discussão, entender o regime legal e sobretudo contribuir para um melhor entendimento do regime normativo relativo à responsabilidade civil por virtude da prisão preventiva é o objectivo deste trabalho.

Onde se parte com uma única certeza: a de que o direito ao ressarcimento dos danos pela privação da liberdade decorrente da prisão preventiva não é certamente o direito do "mais forte" à liberdade.

II. O direito à liberdade

Poderia parecer redundante falar do direito à liberdade[65] como direito fundamental, não fosse afinal a amplitude e o modo de encarar este direito uma das traves mestras do presente trabalho, nomeadamente quando a mesma é cerceada em determinadas situações, maxime através de decisão judicial. Porque se é inequívoco que "todos têm direito à liber-

---

[64] A mais recente jurisprudência portuguesa, neste domínio, é porventura paradigmática das questões referidas, como se verá infra no ponto XII.

[65] Uma excelente e profunda análise do conceito de liberdade, nomeadamente no sentido axiológico na sua repercussão no direito pode ver-se em Milagros Otero Parga, "La Libertad, Una Cuestion de Axiologia Jurídica, *Boletim da Faculdade de Direito*, Volume 75, pág. 175.

dade", significando-se com tal inciso o direito à liberdade física e de movimentos, é absolutamente inequívoco que não contém a CRP "uma disposição consagrando um direito à liberdade em geral mas sim as principais liberdades em que ela se analisa"[66], assim densificando o conceito de liberdade. [67]

Para além das "subdivisões" que possam identificar-se a propósito do direito à liberdade, quando entendido em relação a outros direitos, como é o caso por exemplo do direito à liberdade de imprensa, à liberdade religiosa, à liberdade de pensamento, é na dimensão, dir-se-ia ontológica[68] de "liberdade" física que importa atentar.

Será, assim, operativamente mais fácil identificar o direito à liberdade pela sua negativa, ou seja pelo direito a não ser detido, de não ser aprisionado, de não ser impedido.[69]

Dimensão ontológica que no caso do direito à liberdade traz ínsita um conjunto de "múltiplas faculdades", na expressão de Vieira de Andrade, que "têm objecto e conteúdo distintos, que são oponíveis a destinatários diferentes, determinam deveres de variado tipo e que podem até ter titulares diversos"[70].

O entendimento do direito constitucional à liberdade, no sentido que agora importa acautelar, visto pelo seu lado negativo é assim perfeitamente delimitado pelo direito a não ser detido ou preso fora dos casos previstos na lei.

---

[66] Assim Vital Moreira/Gomes Canotilho, *Constituição da República Portuguesa, Anotada*, pág. 184.

[67] Curioso verificar que o sistema constitucional norte americano que assenta essencialmente na Constituição de 1787, pese embora consagrar uma carta de liberdades individuais, nomeadamente nas primeiras dez emendas – chamado *Bill of Rights* – não se sustenta num identificado e substancializado direito à liberdade (a propósito e com algum interesse ver Nuno Rogeiro, *Estudo sobre o sistema constitucional dos Estados Unidos*, Gradiva 1993, pág. 115).

[68] "A liberdade já não é um dever-ser mas um ser", refere Otero Parga. ob. cit. pág. 195.

[69] Vital Moreira/Gomes Canotilho falam nos "(a) direito de não ser detido ou preso pelas autoridades públicas, salvo nos casos e termos previstos neste artigo;(b) direito de não ser aprisionado ou fisicamente impedido ou constrangido por parte de outrém; (c) direito à protecção do Estado contra os atentados de outrém à própria liberdade", ob. cit. pág. 184.

[70] José Carlos Vieira de Andrade, *Os Direitos Fundamentais na Constituição da República Portuguesa*, Coimbra, 1987, pág. 188.

Direito que tem como seu suporte directo um conjunto de normas internacionais – Declaração Universal dos Direitos do Homem, Pacto Internacional dos Direitos Civis e Convenção Europeia dos Direitos do Homem – que sendo sua fonte directa, assumem uma importância indiscutível na densificação desse direito.

Particular relevância assume neste domínio a CEDH que, no seu artigo 5.º, estabelece o direito à liberdade e à segurança, bem como quais as restrições a ele admissíveis.[71]

Importa referir que também na CEDH quando se fala no direito à liberdade é no sentido clássico da expressão que também aqui deve ser visto, ou seja no sentido de liberdade física, de circulação de "ir e de vir".[72]

III. Restrições constitucionais ao direito à liberdade

A tutela do direito à liberdade assume particular relevância no domínio da tutela dos direitos liberdades e garantias.

Tal afirmação decorre da estrutura constitucional do direito à liberdade que, imediatamente a seguir à sua consagração impõe que "ninguém pode ser total ou parcialmente privado da liberdade, a não ser em consequência de sentença judicial condenatória pela prática de acto punido por lei com pena de prisão ou de aplicação judicial de medida de segurança" – artigo 27.º n.º 2 da CRP.

Para além dos casos em que a privação de liberdade é constitucionalmente possível por virtude de sentença judicial condenatória, apenas os

---

[71] Mas não se limita a CEDH a referir, pela positiva, qual o âmbito do direito à liberdade e à segurança, bem como que restrições são a eles admissíveis. Estabelece desde logo o seu reverso, ou seja o direito à indemnização a quem for restringida essa liberdade, em determinadas circunstâncias.

[72] Refere Ireneu Barreto, que também "os órgãos da Convenção – Europeia dos Direitos do Homem – têm usado de prudência, evitando a noção geral de liberdade; para que haja privação de liberdade será necessário um acto que atente contra um estado de liberdade, elemento de definição complexa em situações especiais como o da liberdade condicional", Notas sobre o direito à liberdade e à segurança, *Revista Portuguesa de Ciência Criminal*, ano 2 n.º 3, pág. 444.

casos tipificados no n.º 3 do artigo 27.º[73] sustentam a derrogação ao direito constitucional à liberdade[74]. Assim estão constitucionalmente estabelecidas as seguintes restrições: a) detenção em flagrante delito; b) detenção ou prisão preventiva por fortes indícios de prática de um crime doloso a que corresponda pena de prisão cujo limite máximo seja superior a três anos; c) prisão, detenção ou outra medida coactiva sujeita a controlo judicial de pessoa que tenha penetrado ou permaneça irregularmente no território nacional ou contra a qual esteja em curso processo de extradição ou de expulsão; d) prisão disciplinar imposta a militares, com garantia de recurso para o tribunal competente; e) sujeição de um menor a medidas de protecção, assistência ou educação em estabelecimento adequado, decretadas pelo tribunal competente; f) detenção por decisão judicial em virtude de desobediência a decisão tomada por um tribunal ou para assegurar a comparência perante a autoridade judicial competente; g) detenção de suspeitos, para efeitos de identificação, nos casos e pelo tempo estritamente necessários; h) internamento de portador de anomalia psíquica em estabelecimento terapêutico adequado, decretado ou confirmado por autoridade judicial competente.

Trata-se de restrições absolutamente tipificadas, obedecendo por isso ao princípio da tipicidade constitucional. Qualquer restrição que não se enquadre neste normativo é absolutamente ilegal.

A compressão do direito à liberdade que lhe está subjacente deve por outro lado sustentar-se sempre no princípio da proporcionalidade e da necessidade estabelecidos no artigo 18.º n.º 2 e 3 da CRP, devendo em conformidade as restrições referidas no artigo 27.º n.º 3 limitar-se ao absolutamente necessário para garantir os direitos liberdades e garantias[75].

---

[73] Notoriamente ampliado pela revisão Constitucional de 1997, que, para além de alterar algumas alíneas, acrescentou as duas últimas, que até aí não tinham suporte constitucional. Sobre a amplitude das alterações constitucionais ao artigo 27.º da CRP decorrentes da revisão de 1997 ver Catarina Sarmento e Castro, A IV Revisão Constitucional e o Direito à Liberdade e Segurança e Direitos Conexos, *Boletim da Faculdade de Direito*, Universidade de Coimbra, Vol. LXXIV, 1998, pág. 455.

[74] No sentido de que o estabelecimento de limites legais à liberdade, menos que cercear a realização do valor liberdade, possibilitam antes a adequada e possível consecução do direito à liberdade, Otero Praga, ob. cit. pág. 195.

[75] Assim Vital Moreira/Gomes Canotilho, ob. cit. pág. 185.

IV. A responsabilidade civil do Estado pela privação de liberdade

O carácter absolutamente inequívoco das restrições constitucionais e legais ao direito à liberdade só pode compatibilizar-se com um adequado e também ele inequívoco regime garantistico de tutela desse direito, quer no âmbito do regime penal quer mesmo de natureza civil.

Trata-se aliás de domínio onde a conexão de responsabilidades civil e criminal[76] é dir-se-ia quase absoluta, porquanto a violação dos direitos de liberdade sustenta quase sempre quer a violação de bens jurídicos e a consequente intervenção do direito penal quer a reparação de danos pessoais e patrimoniais.

A norma constitucional estabelecida no artigo 27.° n.° 5 ao estabelecer que "a privação da liberdade contra o disposto na Constituição e na lei constitui o Estado no dever de indemnizar o lesado nos termos que a lei estabelecer", não traduz por isso apenas uma norma programática[77].

A obrigatoriedade do Estado de indemnizar o cidadão lesado por virtude de privação da liberdade contra o disposto no regime normativo estabelecido na Constituição e na Lei não precisa de outros incisos mais precisos para configurar esses direito à indemnização e dever de indemnizar do Estado.[78]

---

[76] Sobre os fundamentos da responsabilidade civil e da responsabilidade penal, bem como as suas conexões, ver Inocêncio Galvão Teles, *Direito das Obrigações*, 5.ª edição, pág. 170.

[77] É interessante verificar o trajecto jurisprudencial do Supremo Tribunal Administrativo no entendimento deste princípio, nomeadamente a sua negação à aplicação directa do artigo 27.° n.° 5, nomeadamente nas situações que envolviam prisão preventiva, antes da entrada em vigor do artigo 225.° do CPP – cfr. Ac. STA de 9.10.90 in *Revista de Legislação e Jurisprudência*, n.° 3804, pág. 77. Em anotação ao mesmo acórdão, no mesmo local, Gomes Canotilho rejeita totalmente esse entendimento jurisprudencial.

[78] Neste sentido Vital Moreira/Gomes Canotilho, *Constituição da República Portuguesa, Anotada*, pág. 187, quando referem que "o facto de a Constituição remeter para a lei a regulamentação da indemnização não tolhe a aplicabilidade directa e imediata deste preceito (cfr. art. 18.°-1), devendo os órgãos aplicadores do direito dar-lhe eficácia, mesmo na falta de lei." Também a jurisprudência do Tribunal Constitucional se pronunciou nesse mesmo sentido, mesmo antes da entrada em vigor do CPP de 1987 – cfr. Ac. do TC n.° 90/84, in Acórdãos do Tribunal Constitucional, 4.° volume,1984, págs. 278-279, onde se afirma " nesse preceito constitucional não se assina apenas uma tarefa ao legislador (uma incumbência legislativa); antes, simultaneamente, se reconhece um "direito fundamental", a cuja efectivação essa incumbência se pré ordena".

Dever de indemnizar por parte do Estado que claramente partia já do artigo 22.º da CRP quando estatui a responsabilidade patrimonial directa das entidades públicas, assim consagrando um dos princípios do Estado de direito democrático.[79]

O consagração do artigo 27.º n.º 5 ao explicitar expressamente o dever do Estado indemnizar o cidadão por virtude de privação de liberdade contra o disposto na lei demonstra inequivocamente o valor que o direito à liberdade assume no ordenamento jurídico português, se comparado com outros direitos, liberdades e garantias.

Tratando-se ainda de uma das dimensões ou faculdades múltiplas dos direitos fundamentais, agora na sua vertente de pretensão ou "exigência de prestações positivas"[80], no que respeita especificamente ao direito à liberdade, trata-se, ainda "de garantir o mínimo de compressão do direito fundamental à liberdade".[81]

Toda a privação de liberdade, quando efectuada pelo Estado – nomeadamente por um seu funcionário – fora do restrito modo como é regulamentada na Constituição e na lei é por isso passível de sustentar um direito a indemnização, verificados os demais requisitos.

Já a CEDH, no seu artigo 5.º n.º 5 estabelecia que "qualquer pessoa vítima de prisão ou detenção em condições contrárias às disposições deste artigo tem direito à indemnização".

A jurisprudência do TEDH tem entendido, de uma maneira geral, que são essencialmente razões de forma, incluindo razões relacionadas com atrasos que consubstanciam a violação do artigo 5.º e que por isso implicam uma indemnização[82], sendo certo que essa violação deve sempre ter

---

[79] Vital Moreira, Gomes Canotilho, ob. cit. pág. 168. Na anotação ao Ac. do STA citado em nota 77, Gomes Canotilho, a pág. 85, refere que o Estado "responde de forma directa e não de forma indirecta ou condicionada a um eventual direito de regresso, pela lesão de direitos, liberdades e garantias cometida pelos titulares dos seus órgãos, funcionários ou agentes".

[80] Sobre a estrutura própria dos direitos fundamentais e mais concretamente sobre as múltiplas faculdades incluídas num direito fundamental, Vieira de Andrade, ob. cit. pág. 188.

[81] Guilherme da Fonseca, *Justiça em Crise? Crises da Justiça*, D. Quixote, Lisboa, 2000, pág. 196.

[82] Assim nos casos Letellier c. France 26 junho 1991, onde o Tribunal conclui que "houve violação da duração razoável duma detenção provisória (artigo 5, 3) face à fundamentação da manutenção que em vez de responder concretamente às exigências do

sido constatada por decisão de uma autoridade nacional. O requerente da indemnização ao TEDH deve, por outro lado, ter esgotado as vias de recurso interno para obter essa reparação[83] antes de suscitar a intervenção daquele tribunal.

Se até 1987[84] a lei portuguesa não possuía mecanismos directos de atribuição de responsabilidade e consequente reparação através de indemnização por virtude de detenção ou prisão contrária à lei,[85] o novo Código de Processo Penal veio expressamente admitir tal situação dando assim resposta adequada e precisa à normatividade constante que na CEDH quer na própria CRP.[86]

Inequívoco direito à indemnização por virtude de detenção, verificados determinados requisitos, consagra o direito brasileiro, desde logo na sua Constituição da República: "O Estado indemnizará o condenado por erro judiciário, assim como o que ficar preso além do tempo fixado em sentença"[87].

---

artigo 5, 1 c), era estereotipada" – cfr. Koering-Joulin, Rennée, *La Convention Européenne des Droits de L'Homme, Commentaire article par article*, Economica, Paris, 1995, pág. 234.

[83] Sobre as condições em que o TEDH tem admitido esta indemnização cfr. também Ireneu Cabral Barreto, *Convenção Europeia dos Direitos do Homem, anotada*, Coimbra, 1999, pág. 113.

[84] Toda a construção jurídica a propósito da responsabilidade do Estado por virtude actos ilícitos se sustentava no artigo 9.° do Dec. Lei 48051 de 21.11.1967: 1.° O Estado e demais pessoas colectivas públicas indemnizarão os particulares a quem, no interesse geral, mediante actos administrativos legais ou actos materiais lícitos, tenham imposto encargos ou causado prejuízos especiais ou anormais; 2.° Quando o Estado ou as demais pessoas colectivas públicas tenham, em estado de necessidade e por motivos de imperioso interesse público, de sacrificar especialmente, no todo ou em parte, coisa ou direito de terceiro, deverão indemnizá-lo". Importa referir que este diploma pese embora a sua vigência foi criado num período constitucional cujo modelo constitucional foi notoriamente abandonado depois da CRP de 1976.

[85] O que não impedia que se entendesse serem, quer o artigo 22.° quer o artigo 27.° n.° 5 da CRP normas directamente aplicáveis a situações passíveis de violarem o direito à liberdade – cfr. neste sentido, Vital Moreira, Gomes Canotilho, ob. cit. págs. 170 e 188.

[86] Sobre a compatibilidade da ordem jurídica interna com a CEDH, nesta matéria ver Irineu Barreto, ob. cit. pág. 472.

[87] Artigo 5.°, LXXV da Constituição da República. Sobre a extensão do direito à indemnização aos casos de prisão preventiva – prisão cautelar – parece ser posição dominante da doutrina. Assim e nesse sentido, Rogério Lauria Tucci, in Direito e *Garantias*

V. O artigo 225.º do CPP[88]

Como se referiu, até 1987 não estabelecia o ordenamento jurídico nacional qualquer normativo passível de sustentar inequivocamente o direito à indemnização por virtude de detenção ilegal ou prisão preventiva fora do seu condicionalismo legal[89].

Preceito novo no ordenamento jurídico português, a sua fonte mais directa pode buscar-se na CEDH, aprovada pela Lei n.º 65/78 de 13 de Outubro, mais precisamente no seu artigo 5.º, n.º 5 que consagra o direito à indemnização a qualquer pessoa vítima de prisão ou detenção em condições contrárias às que nesse artigo se estabelecem.

Já o Pacto Internacional sobre os Direitos Civis e Políticos dispunha, no seu artigo 9.º, n.º 5 que "todo o indivíduo vítima de prisão ou detenção ilegal terá direito a compensação".

A recorrente utilização da prisão preventiva pelos tribunais, que se traduz em números relativamente elevados de cidadãos sujeitos a prisão preventiva, a eventualidade de tais números encerrarem situações abusivas e sobretudo a necessidade de, inequivocamente, se regular legalmente

---

individuais no processo penal brasileiro, São Paulo, Saraiva, 1993, pág. 463, e Yussef Said Cahali, *Responsabilidade Civil do Estado*, Malheiros, 1996 pág. 603. Recente e inovadora sentença nesse sentido foi também proferida pela 7.ª Câmara do Tribunal de Justiça do Estado de São Paulo – publicada na *Revista Brasileira de Ciências Criminais*, n.º 32, Outubro/Dezembro de 2000, pág. 320.

[88] Foi publicado no DAR II Série A n.º 76 de 18.7.2001 a proposta de Lei n.º 95//VIII que vem alterar o regime do artigo 225.º do CPP, no âmbito de uma proposta de Lei que pretende alterar o regime legal da responsabilidade civil extracontratual do Estado, revogando o Dec. Lei 48051 de 21.11.1967. Esta proposta de Lei, pela primeira vez no ordenamento jurídico português, regulando de forma uniforme a responsabilidade civil do Estado e demais entidades públicas, por danos resultantes do exercício da função política, legislativa, jurisdicional e administrativa, estabelece a admissibilidade, sem equívocos, da reparação de danos por virtude da actividade jurisdicional do Estado. No entanto mantém um regime especial do artigo 225.º do CPP, no que respeita aos danos decorrentes da privação injustificada de liberdade. Independentemente de outras considerações, importa reter que esta excepcionalidade do regime de reparação de danos por virtude de privação injusta de liberdade, mantém-se na proposta de Lei.

[89] Luís Catarino, in *A Responsabilidade do Estado pela Administração da Justiça*, Almedina, Coimbra, 1999, pág. 407 fala, a propósito, numa "verdadeira História de omissão legislativa, perante a existência de uma actividade do Estado de, como qualquer outra, causar prejuízos aos seus utentes".

aquele direito à indemnização já estabelecido na Constituição, levou o legislador do Processo Penal de 1987 a criar uma norma como o artigo 225.º do CPP.

Foi aliás claro o legislador do novo Processo Penal decorrente do Código de 1987, quando, na exposição de motivos da proposta de lei n.º 21/VI[90], que deu origem à Lei n.º 43/86 de 26 de Setembro, Autorização Legislativa em matéria de Processo Penal, expressamente refere que *"espera que eventuais abusos encontrem resposta adequada através do sistema que para tanto engendrou e no qual, ao lado dos tradicionais modos de impugnação da prisão ilegal, se perfila a possibilidade de indemnização por privação da liberdade ilegal ou injustificada".*

Resultou assim inequívoca a assumpção pelo legislador ordinário do estabelecimento do direito à indemnização por virtude de prisão ou detenção, quando aplicada fora dos condicionalismos legais.

O regime estabelecido, pese embora se encontrar inserido num código de processo penal assume claramente a natureza de direito substantivo. Ou seja quando se estipula inequivocamente no n.º 1 do artigo 225.º que quem tiver sofrido detenção ou prisão preventiva manifestamente ilegal pode requerer, perante o tribunal competente, indemnização dos danos sofridos com a privação de liberdade ou no n.º 2 que o mesmo regime se aplica a quem tiver sofrido prisão preventiva que, não sendo ilegal, venha a revelar-se injustificada por erro grosseiro na apreciação dos pressupostos de facto de que dependia[91], estipula-se um regime que consagra direitos de indemnização, em determinadas circunstâncias, e não só a forma de usar esses direitos.[92]

Consequência imediata deste princípio será a possibilidade de aplicar o conjunto normativo às situações de prisão preventiva ou detenção ilegal, que não estejam regulamentadas especificamente no Código de Processo Penal, nomeadamente os casos de prisão preventiva ou detenção de estran-

---

[90] Publicada no DAR II Série de 4.4.1986, suplemento, pág. 11.

[91] Esta redacção já resultante da alteração decorrente da reforma do Processo Penal levada a cabo pela Lei n.º 59/98 de 25 de Agosto, que eliminou da versão originária do artigo o requisito "...e a privação de liberdade lhe tiver causado prejuízos anómalos e de particular gravidade".

[92] Sobre a inequivocidade da natureza substantiva deste regime, bem como a sua aplicação no tempo, é claro o Acórdão do Tribunal Constitucional n.º 160/95 publicado no DR II Série se 27.10.1995, pág. 12853. Neste sentido é interessante também o Ac. do TRC de 5.5.1998 in CJ 1998 Tomo III, pág. 5.

geiros[93] e detenção ou prisão preventiva a que estão sujeitos os militares[94] obviamente também elas determinadas fora dos condicionalismos legais.

São várias as situações admitidas no artigo 225.º passíveis de configurar situações de direito de indemnização.[95]

Desde logo no número 1 do artigo para além da prisão preventiva ilegalmente decretada admite-se também a reparação através de indemnização por virtude de privação de liberdade por detenção, também ela ilegal.[96]

Quanto ao número 2 configura uma obrigação de indemnização por parte do Estado a quem tiver sofrido prisão preventiva, injustificada por erro grosseiro na apreciação dos factos de que dependia[97].

Trata-se de situações diversas[98], quer nos seus fundamentos quer no seu âmbito de aplicação sendo que o Código reserva o termo prisão preventiva para a privação total de liberdade individual emergente de decisão judicial interlocutória encontrando-se o conceito de detenção reservado para os casos restantes de privação de liberdade, nomeadamente a privação de liberdade que decorre entre o momento da captura e a validação judicial subsequente[99].

Consubstanciando a prisão preventiva e a detenção situações diversas sendo também diversos os problemas e situações que sustentam as duas realidades, abordar-se-á tão só a matéria relativa à prisão preventiva,

---

[93] Cfr. artigos 107.º e 119.º do Decreto Lei 244/98 de 8 de Agosto, com a redacção da Lei n.º 97/99 de 26 de Julho e Decreto Lei n.º 4/2001 de 10 de Janeiro.

[94] Cfr. artigos 338.º, 363.º, 364.º, 365.º, 368.º e 371.º do Código de Justiça Militar – Decreto Lei 141/77 de 9 de Abril.

[95] No sentido da inconstitucionalidade do artigo 225.º, por virtude de restringir o direito à indemnização em caso de privação de liberdade contrária à Constituição aos casos de privação ilícita e gravemente culposa da liberdade, ver Rui Medeiros, *Ensaio sobre a Responsabilidade civil do Estado por Actos Legislativos*, Coimbra, 1992, pág. 105.

[96] Conforme se referiu em nota foi publicada uma proposta de Lei que altera o regime referente ao artigo 225.º, sendo que uma das alterações propostas incide exactamente sobre o âmbito de aplicação do regime. Uma apreciação sintética e necessariamente condicionada ao projecto é feita infra no ponto XII.

[97] Até à reforma introduzida pela Lei n.º 59/98 de 25 de Agosto era requisito do n.º 2 também a "verificação de prejuízos anómalos e de particular gravidade".

[98] Inequívoca distinção constitucional dos conceitos de prisão preventiva e detenção resultaram da alteração efectuada ao artigo 27.º pela IV Revisão Constitucional (1997).

[99] Maia Gonçalves, *Código de Processo Penal, Anotado*, 11.ª edição, pág. 428.

até porque traduz uma realidade com alguma expressividade no ordenamento jurídico nacional[100].

VI. A prisão preventiva

Assume natureza verdadeiramente excepcional no ordenamento jurídico constitucional português a prisão preventiva.

No conjunto das medidas de coacção estipuladas no Código de Processo Penal e cuja finalidade primeira é acautelar as exigências processuais decorrentes quer da investigação quer do julgamento de um cidadão, assume particular relevância, pelo seu carácter extremo de limitação total da liberdade a prisão preventiva.

Se dúvidas subsistiam sobre a natureza desta medida de coacção até à revisão constitucional de 1997, a modificação constitucional operada no artigo 28.º n.º 2[101] dissipou-as ao acrescentar o inciso de que a prisão preventiva tem natureza excepcional reforçando ainda mais essa natureza.[102]

O que consubstancia esta excepcionalidade traduz afinal o que de mais importante trouxe a modificação constitucional de 1997 ao regime legal da prisão preventiva, ou seja só razões excepcionais, acrescidas aos

---

[100] Em Dezembro de 1998 existiam nos estabelecimentos prisionais portugueses 14880 detidos sendo 4250 presos preventivos, ou seja 28.7%. Em Dezembro de 1999 o número de detidos tinha descido para 13093 e o número de preventivos era de 4052, ou seja uma percentagem de 30.9%. Cfr. *Estatísticas da Justiça*, Gabinete de Estudos e Planeamento do Ministério da Justiça, 2000., pág. 252. Pode constatar-se que em 1990 – únicos dados disponíveis – a taxa de encarceramento de preventivos era, em França de 41%, em Inglaterra e Gales 22%, na Alemanha, 26%, na Itália, 41%, na Holanda 39%, na Espanha 35% e em Portugal, 32,9%. Cfr. *European Data Base on Judicial Systems*, Istituto di Ricerca sui Sistemi Giudiziari, Bologna, 2000, pág. 82. Sobre os números, impressionantes, diga-se da prisão preventiva nos países da América Latina e Caribe, cfr. o interessante estudo de Elías Carranza, Prisíon Preventiva en América Latina y Europa, *Jueces para La Democracia*, n.º 26 Julio/1996.

[101] Neste sentido, Catarina Castro, ob. cit. pág. 469.

[102] A natureza excepcional bem como a estrita legalização dos pressupostos da prisão preventiva como medida cautelar foram já defendidas por Cesare Beccaria: "*Um erro não menos comum do que contrário ao fim social, que é o sentimento da própria segurança, é o de deixar ao magistrado executante das leis o poder de decidir da prisão de um cidadão, de privar de liberdade um inimigo, por frívolos pretextos*". Cfr. *Dos Delitos e das Penas*, Lisboa, 1998, pág. 127.

demais requisitos referidos nos artigos 202.º, 213.º, 215.º, 216.º e 217.º do CPP, justificam a sua aplicação.

Excepcionalidade, que vinha há muito sendo referida como requisito essencial da medida de prisão preventiva, quer pela doutrina quer mesmo em documentos e textos internacionais.[103] E que levou inclusive à revogação do artigo 209.º da versão originária do Código de Processo Penal, pela reforma do Código de Processo de 1998. Recorde-se que aquele artigo 209.º estabelecia que sempre que o crime imputado fosse punível com pena de prisão de máximo superior a 8 anos o juiz devia, no despacho sobre medidas de coacção, indicar os motivos que o tivessem levado a não aplicar ao arguido a medida de prisão preventiva, enumerando no n.º 2 outros crimes sujeitos ao mesmo regime[104].

Como dissemos noutro local[105], "na aplicação da prisão preventiva não pode o juiz por isso deixar de apreciar esse novo fundamento e justificá-lo, fundamentando-o".

Tudo isto para dizer que é absolutamente excepcional o regime da prisão preventiva, não se tornando redundante a sua afirmação, sendo que é afinal o direito à liberdade que inequivocamente vem conquistando o seu lugar, suportando unicamente restrições absolutamente determinadas e fundadas em situações de facto inequívocas e judicialmente decretadas.

É por isso que é rigoroso o quadro legal que sustenta a admissibilidade da aplicação desta medida de coacção.

Princípios como o da proporcionalidade, subsidiariedade, necessidade e adequação estão garantidos no conjunto das normas estabelecidas no CPP referentes à admissibilidade da prisão preventiva como medida de coacção. Assim por um lado só existindo fortes indícios da prática de determinados crimes – puníveis com pena superior a três anos – e se considerar inadequada uma outra medida de coacção se pode aplicar a prisão

---

[103] Ver por todos João Castro e Sousa, Os meios de coacção no novo Código Penal, *O novo Código de Processo Penal*, Almedina, Coimbra, 1989, pág. 151. Com interesse pode ver-se na mesma obra Odete Maria de Oliveira, As medidas de coacção no novo Código de Processo Penal, ob. cit. pág. 182.

[104] Uma apreciação crítica ao artigo 209.º, feita a posteriori, mas nem por isso menos importante, no que diz respeito à eventual desconformidade do preceito com a Constituição é efectuada por José Manuel Araújo de Barros, Critérios da prisão Preventiva, *Revista Portuguesa de Ciência Criminal*, Ano 10, Fascículo 3, pág. 424.

[105] José Mouraz Lopes, *Garantia Judiciária no Processo Penal*, Coimbra, 2000, pág. 34.

preventiva. Excepciona-se no entanto a esta circunstância a possibilidade de aplicar a prisão preventiva a pessoa que tiver penetrado ou permaneça irregularmente em território nacional, ou contra a qual estiver em curso processo de extradição ou de expulsão – isto naturalmente com o suporte constitucional do artigo 27.º alínea c) do CPP.

Por outro lado só verificados alguns dos requisitos a que se alude no artigo 204.º ou seja a) fuga, ou perigo de fuga; b) perigo de perturbação do inquérito ou da instrução do processo e, nomeadamente, perigo para a aquisição, conservação ou veracidade da prova; c) perigo, em razão da natureza das circunstâncias do crime ou da personalidade do arguido, de perturbação da ordem e da tranquilidade públicas ou de continuação da actividade criminosa, pode a prisão preventiva (ou outra medida de coacção tipificada, para além do termo de identidade e residência) ser aplicada.

As condições de aplicação da medida são assim absolutamente claras e só com os fundamentos e nos rigorosos termos referidos pode ser aplicada.

VII. A prisão preventiva manifestamente ilegal

A primeira situação estabelecida no artigo 225.º n.º 1 configurando um direito de indemnização por parte do Estado consiste na existência de uma prisão preventiva manifestamente ilegal[106].

Sabidos os requisitos rigorosos e absolutamente claros na sua concretização que possibilitam a admissibilidade da aplicação da prisão preventiva a ilegalidade da sua aplicação traduz-se desde logo na inexistência dos pressupostos que sustentam a sua admissibilidade.

Ou seja será ilegal a prisão preventiva sustentada em indícios fortes da prática de crime punível com pena de prisão cujo máximo não seja superior a três anos.

Será também ilegal a prisão preventiva quando determinada sem ponderação da inadequação ou suficiência das restantes medidas de coacção.

---

[106] A proposta de Lei n.º 95/VIII, publicada no DAR n.º 76 de 18.7.2001 elimina o requisito "manifestamente" estabelecido no artigo citado. Por outro lado alarga-se o regime de tutela a outras medidas cautelares de privação total ou parcial de liberdade. Ver infra ponto XII.

Assim como será ilegal a prisão preventiva aplicada quando se não verifique nenhuma das circunstâncias a que se alude no artigo 204.º, ou seja inexistir, no caso a) fuga, ou perigo de fuga; b) perigo de perturbação do inquérito ou da instrução do processo e, nomeadamente, perigo para a aquisição, conservação ou veracidade da prova; c) perigo, em razão da natureza das circunstâncias do crime ou da personalidade do arguido, de perturbação da ordem e da tranquilidade públicas ou de continuação da actividade criminosa, quer a prisão preventiva quer outra medida qualquer pode ser aplicada.

Se a omissão destes requisitos fundamentais não suscitam qualquer dúvida na concretização do que é afinal a ilegalidade da prisão, já a existência de indícios fortes – e não apenas suficientes ou mesmo simples suspeitas da prática de crimes, suscita algumas questões.

Que não há dúvidas que indícios fortes não é o mesmo que indícios suficientes e que estes também se não identificam com as simples suspeitas, parece claro.

Como refere Araújo de Barros[107], a existência de fortes indícios *"estreita o juízo de probabilidade de prática dos factos, que se deverá aproximar da certeza, plasma um conceito aberto. Como tal deverá ser analisado e preenchido no caso concreto"*.

A fluidez do conceito não permite por isso que fora da situação em concreto, se teçam grandes considerações sobre o que serão indícios fortes da prática de um crime doloso punível com pena de prisão superior a três anos. Certamente será algo mais, um *plus*, dir-se-ia em relação ao critério de indícios suficientes estabelecido nos artigos 283.º n.º 1 e n.º 2 e 308.º n.º 1 e n.º 2 ou seja à "possibilidade razoável de ao arguido vir a ser aplicada uma pena"[108].

Só em concreto poderá por isso averiguar-se da inexistência de indícios fortes, sendo no entanto certo que este é um requisito inequívoco que

---

[107] Ob. cit. pág. 422.
[108] No sentido de que o conceito de "indícios fortes" traz ínsito uma exigência suplementar em relação ao conceito de "indícios suficientes", ver Pedro Jorge Teixeira de Sá, "Fortes indícios da ilegalidade da prisão preventiva", *Scientia Jurídica*, Tomo XLVIII, Números 280/282, Julho-Dezembro de 1999, pág. 401, quando refere que "pode dizer-se que a probabilidade de uma futura condenação exigida para haver acusação é menor que aquela que deve estar presente aquando da aplicação da prisão preventiva. Isso mesmo quis estabelecer o legislador ao utilizar conceitos tão diversos como "fortes" e "suficientes".

sustenta a admissibilidade da prisão preventiva. A sua inexistência configura por isso uma ilegalidade[109].

A manifesta inexistência de indícios fortes, sustenta por isso, também a admissibilidade da reparação, através de indemnização, nos termos do artigo 225.º n.º 1 do CPP.

Importa referir que não basta, como critério para fundar o direito a indemnização por privação da liberdade, a ilegalidade da prisão preventiva. Consequência desta ilegalidade é desde logo a possibilidade de a mesma ser atacada em sede de recurso e mesmo através da providência do *habeas corpus*[110-111]. Quanto aos fundamentos para que tal ilegalidade sustente um direito de indemnização, é para além disso necessário que se esteja perante uma manifesta ilegalidade.[112]

Sobre o que configura a "manifesta ilegalidade" não se descortinando um conceito abstracto que identifique tal situação importa desde já referir que ao não querer o legislador atribuir o direito a uma indemnização quando a prisão preventiva é ilegal só por si, configurando tão só para estas situações o "remédio" do recurso ou do *habeas corpus*, quis efectivamente deixar bem vincado que é admissível um certo grau de discricionariedade vinculada na aplicação da lei pelos juízes, quando aplicam a prisão preventiva, cuja consequência pode traduzir-se numa ilegalidade.

Dando-se a estes uma margem, dir-se-ia, de liberdade que lhes permita quando decidem, ter opiniões porventura divergentes sobre os fundamentos da prisão preventiva não se coarcta o direito fundamental a decidir com liberdade e sujeito a critérios de legalidade. É ainda aqui a preservação da independência dos juízes na administração da justiça que está em causa, sendo certo que no exercício da sua competência funcional, aqueles apenas se encontram limitados pelo dever de obediência à lei e à Consti-

---

[109] Neste sentido, também, Pedro Teixeira Sá, ob. cit. pág. 402.

[110] Cfr. artigos 222.º e 223.º do CPP.

[111] Sobre o instituto do Habeas Corpus pode ver-se José Faria Costa, "Habeas Corpus, ou A Análise de um Longo e Ininterrupto "Diálogo" entre o Poder e a Liberdade", *Boletim da Faculdade de Direito*, ano 75, pág. 537.

[112] No sentido de que também a demonstração da ilegalidade só por si não é fundamento da indemnização, João Aveiro Pereira, *A responsabilidade Civil por Actos Jurisdicionais*, Coimbra, 2001, pág. 213. Sobre o desaparecimento do requisito "manifesta" na proposta de Lei n.º 95/VIII publicada no DAR n.º 76 de 18.7.2001, ver infra ponto XII:

tuição[113], não podendo ser responsabilizados pelos juízos técnicos emitidos nas respectivas decisões, ainda que estas possam ser alteradas por via de recurso.[114] Essa margem de liberdade tem no entanto limites que se repercutem, afinal, no conceito de ilegalidade manifesta ou notória.

Entender o que será "manifesta" ou "notoriamente" ilegal será assim o "calcanhar de Aquiles" do direito à indemnização estabelecido no artigo 225.° n.° 1 do CPP.

Se no que respeita a alguns dos requisitos essenciais à possibilidade de aplicação da prisão preventiva não se torna difícil entender essa manifesta ilegalidade, como será por exemplo o caso de decisão que aplique prisão preventiva a alguém cujas fortes suspeitas da prática de um crime cuja pena máxima seja inferior a três anos[115], ou alguém sujeito a prisão preventiva para além dos prazos previstos na lei[116], ou no caso de imposição de tal medida por um juiz sem competência funcional ou legal para o efeito[117], já nos restantes requisitos só a apreciação em concreto da situação e o que a fundamenta (ou não fundamenta) poderá despoletar o direito à indemnização, desde que verificados os restantes pressupostos.

Sempre no entanto com o limite, como se referiu, de que não basta a ilegalidade da decisão para fundamentar tal pedido. É necessário que seja manifesta, em função das circunstâncias em que foi aplicada.[118]

---

[113] Cfr. artigos 203.° e 216.° da CRP.

[114] Neste sentido também o Acórdão do Tribunal Constitucional 160/95, já referido, a pág. 12853.

[115] Aveiro Pereira enquadra esta situação como exemplo de erro grosseiro. Parece-nos no entanto que pese embora se tratar de um erro grosseiro por parte do juiz que aplica a prisão preventiva com base nesse fundamento, trata-se antes disso de uma inequívoca ilegalidade, passível de ser integrada no artigo 225.° n.° 1 do CPP.

[116] Neste sentido Germano Marques da Silva, *Curso de Processo Penal, II*, Lisboa, 1993, pág. 267.

[117] Exemplo citado por Aveiro Pereira, ob. cit. pág. 214.

[118] Salientando o carácter "manifesto" da ilegalidade da situação de prisão – e detenção – Luís Catarino, in *A Responsabilidade do Estado pela Administração da Justiça*, Almedina, Coimbra, 1999, pág. 367, lembra que também a responsabilidade internacional do Estado por decisão errónea, "depende de que seja reconhecida uma clara e manifesta violação da lei – reportando-se aos erros de direito".

VIII. A prisão preventiva injustificada por erro grosseiro na apreciação dos pressupostos de facto

A segunda situação admitida pela lei, no que toca à prisão preventiva, fundamento para despoletar o direito à indemnização funda-se no n.º 2 do artigo 225.º do CPP ou seja, quando a prisão preventiva, que não sendo ilegal, venha a revelar-se injustificada, por erro grosseiro[119] na apreciação dos pressupostos de facto de que dependia.

Uma primeira nota para salientar que este fundamento é exclusivo para situações em que estejam em causa apenas prisão preventiva e não, como no número 1, também situações de detenção[120]. Porque efectivamente é rigoroso o regime legal que sustenta a admissibilidade da restrição à liberdade que configura a prisão preventiva, o legislador quis proteger o cidadão a ela sujeito, quando não cumpridos rigorosamente todos os requisitos a que obedeça. Não assim no âmbito da detenção, onde tão só a ilegalidade manifesta dos seus fundamentos é passível de obrigar o Estado a indemnização.

Como se referiu, o n.º 2 do artigo 225.º sofreu uma alteração não despicienda nos seus fundamentos e consequências, com a publicação da Lei n.º 59/98 de 25 de Agosto, que reviu o CPP.

Na verdade a reforma do CPP decorrente da entrada em vigor da referida Lei, eliminou o requisito até então existente de que a privação de liberdade tivesse causado "prejuízos anómalos e de particular gravidade".

A questão do prejuízo, sendo um dos requisitos fundamentais do direito à indemnização, deixou por isso de ser restrição, absolutamente incongruente, diga-se, quando fundada na natureza anómala dos mesmos.[121]

---

[119] A proposta de Lei n.º 95/VIII, publicada no DAR n.º 76 de 18.7.2001 elimina dos requisitos estabelecidos no artigo 225.º a referência a "grosseiro". Sobre esta proposta ver infra, ponto XII.

[120] A proposta de Lei n.º 95/VIII, publicada no DAR n.º 76 de 18.7.2001 altera radicalmente esta situação equiparando todas as situações de privação parcial ou total de liberdade ao regime agora estabelecido para a prisão preventiva. Sobre esta proposta ver infra ponto XII.

[121] Uma análise a este requisito bem como ao seu carácter excessivo, injusto e mesmo inconstitucional, nomeadamente se comparado com o direito à indemnização do expropriado por bens imóveis – onde tal restrição não se verifica – pode ver-se em Aveiro Pereira, ob. cit. pág. 220.

Importará num primeiro momento referir que é absolutamente claro que o fundamento agora em apreciação pressupõe que a prisão preventiva decretada não seja ilegal. Ou seja não estamos já no domínio da ilegalidade referida no artigo anterior, quer tenha a ver com os pressupostos, com os fundamentos, com os requisitos que sustentaram a medida ou por que esteja em causa a competência (ou a sua falta) de quem aplicou.

A prisão preventiva, nesta situação será, num primeiro momento, válida, não sendo inquinada por qualquer vicio que sustente a sua revogação e pelo qual possa ser atacada através de recurso ou outra providência.

Trata-se nesta situação de apreciar *ex post facto* os fundamentos da medida. Ou seja, posteriormente à sua determinação e em função daquilo que a fundamentou se ter verificado que a mesma, por um erro grosseiro, na apreciação dos seus pressupostos de facto, se configurou injustificada.

Toda a apreciação terá que ser efectuada por isso em função dos porquês da sua aplicação, face naturalmente a todo o circunstancialismo factual em causa no processo.

Estabelece a lei que só o erro grosseiro na apreciação dos pressupostos de facto de que dependia que vier a ser revelado é passível de fundar o direito à indemnização.

Uma primeira questão suscita a dúvida: qual o momento de apreciação desse fundamento? Ou seja será só passível de ser apreciado após a decisão final do processo, que por exemplo venha a absolver o arguido acusado e que esteve preso preventivamente? Ou, ao contrário poderá ser tal fundamento apreciado e suscitado logo em sede de recurso sobre a própria medida de coacção que foi aplicada?

Não parece, num primeiro momento, exigir a lei que só após a decisão final do processo se suscite a questão. Da mesma maneira, por exemplo quando se trate de prisão ilegal, onde o lesado pode, independentemente do recurso, suscitar a medida de *habeas corpus*.

A apreciação posterior, necessariamente pressuposta no teor do n.º 2 do artigo 225.º, quando refere "se vier a revelar injustificada", pode resultar tão só de uma decisão do tribunal de recurso que decida revogar a decisão que decretou a prisão preventiva. E não apenas da decisão final que por exemplo absolver o arguido ou lhe aplicar uma pena não detentiva, com a consequente libertação imediata.

Mesmo numa apreciação em segunda instância, da decisão que aplicou a prisão preventiva, pode verificar-se uma alteração da medida aplicada anteriormente apenas e só por se ter constatado um erro grosseiro na apreciação dos pressupostos de facto de que dependia a aplicação da medida, por parte de quem aplicou, num primeiro momento, a prisão preventiva. E nesse caso estão reunidas as condições legais para fundar o direito à indemnização, verificados os restantes condicionalismos.

Questão mais complexa decorre da interpretação do que se traduzirá por "erro grosseiro".

Importa referir que, seguindo a doutrina de Manuel de Andrade, "trata-se do erro escandaloso, crasso, supino, que procede de culpa grave do errante"[122]. Aveiro Pereira refere acertadamente que é grosseiro ou indesculpável (*error intolerabilis*) aquele que o sujeito, dotado de uma normal capacidade de pensar e agir coordenadamente, tinha obrigação de não cometer.[123]

Trata-se no entanto de erro grosseiro na apreciação dos pressupostos de facto de que dependia a aplicação da prisão preventiva. E não em questões de direito. Como se refere inequivocamente no Acórdão do Tribunal Constitucional 160/95 já referido, é claro que "a lei pretendeu afastar a respectiva previsão dos casos em que haja sido cometido qualquer erro acerca da lei a aplicar ou da qualificação jurídica dos factos em presença, ou seja erro de direito em qualquer das suas modalidades de erro na aplicação, erro na interpretação ou erro na qualificação".

Não estará, assim, aqui em causa por exemplo uma situação em que o juiz aplique prisão preventiva a quem esteja indiciado por um crime punível com pena inferior a três anos ou, por outro lado situações em que se tenham ultrapassado os prazos de prisão preventiva estabelecidos na lei. Nestas situações estaremos em presença, como se referiu supra, em eventuais casos de prisão ilegal, passíveis por isso de fundar o direito a indemnização nos termos do número 1 do artigo 225.º.

Quanto aos pressupostos de factos, eles são afinal os fundamentos que levam o juiz a decidir pela necessidade de aplicar a prisão preventiva. Ou seja, por um lado pela verificação de fortes indícios de cometimento de crime punível com pena superior a três anos; por outro lado, aplicar aquela medida e não outra; por último os fundamentos que sustentam quer a fuga, ou o perigo de fuga, o perigo de perturbação do

---

[122] Manuel Domingos de Andrade, *Teoria Geral da Relação Jurídica,* Coimbra, 1974, vol. 2, pág. 239.
[123] Aveiro Pereira, ob. cit. pág. 215.

inquérito ou da instrução do processo, nomeadamente, perigo para a aquisição, conservação ou veracidade da prova ou perigo, em razão da natureza das circunstâncias do crime ou da personalidade do arguido, de perturbação da ordem e da tranquilidade públicas ou de continuação da actividade criminosa, quer a prisão preventiva quer outra medida qualquer pode ser aplicada.

Todos estes requisitos têm de ser sustentados em factos carreados para o processo, sobre os quais o juiz haverá de fazer a sua ponderação quando aplica (ou não aplica) a prisão preventiva.

É sobre estes pressupostos de facto que poderá incidir o erro grosseiro susceptível de levar à indemnização por danos sofridos com a privação de liberdade.

Tais factos, sobre os quais o juiz produziu a sua decisão no termos referidos, ou não existem ou são de todo falsos, por não terem qualquer correspondência com a realidade. Só afinal estas situações configuram a existência de erro.

Erro grosseiro ou seja "indesculpável, crasso ou palmar, em que se cai por falta de conhecimento ou diligência."[124-125]

Naturalmente que são variadíssimas as hipóteses passíveis de concretizar tais erros, tendo sempre por base aquele conjunto de fundamentos que sustentam cada um dos requisitos de per si.

E é relativamente a cada um dos fundamentos em que radique a aplicação da prisão preventiva que deverá incidir sempre o juízo que sustente o "erro grosseiro".

Atente-se que não bastará a inexistência de um dos pressupostos de facto que sustentam a aplicação da prisão, que, por exemplo, errónea e grosseiramente sustente um juízo sobre o perigo de fuga, se a mesma prisão

---

[124] Como se refere no Parecer n.º 12/92 da Procuradoria Geral da República, in *Pareceres da Procuradoria Geral da República*, Volume I, pág. 506.

[125] Pese embora se reconheça alguma justeza às afirmações efectuadas por Aveiro Pereira, ob. cit. pág. 217, no sentido de que "o princípio da proporcionalidade na restrição de direitos, liberdades e garantias, consagrado no artigo 18.º da Constituição impõem que ao lesado seja atribuído um direito de reparação dos danos causados por detenção ou prisão preventivas injustas", o que de *lege ferende* poderá vir a ser consagrado, não permite certamente a lei actual que esse direito a reparação, fora dos casos em que se esteja em presença de situações de manifesta ilegalidade, seja sustentada "quer seja grosseiro ou não o erro verificado na apreciação dos pressupostos da sua aplicação ou manutenção", conforme refere aquele autor (ob. cit. pág. 217).

se fundar num outro requisito, como por exemplo "o perigo de continuação de actividade delituosa idêntica" e sobre esses existirem pressupostos de facto. Nesta situação soçobrará qualquer pedido de indemnização sustentado no n.º 2 do artigo 225.º do CPP.

Importará também referir que o facto de alguém sujeito a prisão preventiva, legalmente decretada, vir a ser posteriormente absolvido em julgamento e consequentemente colocado em liberdade, por não provados os factos que lhe eram imputados, só por si não configura a possibilidade de indemnização nos termos do artigo 225.º n.º 2.

A apreciação que for efectuada sobre os fundamentos de facto que levaram à sua prisão terá que ser feita de acordo com o juízo efectuado na altura em que foi ordenada a prisão. É evidente que o juízo sobre o erro grosseiro na apreciação dos pressupostos de facto será avaliado, em momento posterior, mas sempre em função do momento e das circunstâncias em que a decisão foi proferida.

IX. Da conduta do lesado na apreciação da responsabilidade

Determina a parte final do n.º 2 do artigo 225.º que à atribuição do direito de indemnização por virtude de erro grosseiro na apreciação dos pressupostos de facto, "ressalva-se o caso de o preso ter concorrido, por dolo ou negligência, para aquele erro".

A possibilidade de atribuição do direito à indemnização nos casos de erro grosseiro na apreciação dos pressupostos de factos parece assim limitada quando o preso tiver concorrido, com dolo ou negligência[126], para aquele erro.

A pouca clareza na determinabilidade da cláusula suscita desde logo a questão da natureza da mesma. Tratar-se-á de uma cláusula de exclusão de responsabilidade – do Estado, naturalmente – ou tão só de uma cláusula concorrencial de culpas?

Que se trata de uma cláusula eximente de responsabilidade que se sustenta na não tolerabilidade de situações abusivas por parte do lesado na

---

[126] A proposta de Lei n.º 95/VIII, publicada no DAR n.º 76 de 18.7.2001 elimina dos requisitos estabelecidos no artigo 225.º a referência a negligência, substituindo-a por "culpa grave". Sobre esta proposta ver infra, ponto XII.

avaliação dos pressupostos de facto que levaram à aplicação da prisão preventiva[127], não há qualquer dúvida.

Que também se exige uma causalidade entre o comportamento do arguido/lesado e os fundamentos de facto que levaram ao erro do comportamento jurisdicional que aplicou a prisão preventiva, também não suscita dúvidas.

A lei, no entanto, não estabelece só o comportamento doloso do arguido preso na determinação dos factos que levam à sustentabilidade da aplicação da prisão preventiva. Vai mais longe, estabelecendo também que o próprio comportamento negligente do preso como causa de exclusão de responsabilidade[128].

Trata-se efectivamente de um ónus que recaiu sobre o arguido preso, no sentido de não permitir que o seu comportamento processual, naturalmente não colidindo com o seu direito de defesa, seja passível de permitir interpretações duvidosas por parte de quem aprecia e decide da sua situação processual.

As dificuldades suscitadas pela compatibilização da cláusula estabelecida no preceito legal com os direitos de defesa do arguido levam a que se entenda que não se está tanto no domínio da exclusão de responsabilidade mas tão só na situação de concorrência de culpas, fazendo-se apelo à unidade do sistema jurídico, nomeadamente tendo em atenção o artigo 570.º do C.cv.[129]

X. Da caducidade

Estabelece a lei que o pedido de indemnização não pode, em caso algum ser proposto depois de decorrido um ano sobre o momento em que o detido ou preso foi libertado ou foi definitivamente decidido o processo penal respectivo – cfr. Artigo 226.º n.º 1 do CPP.

---

[127] Luís Catarino, ob. cit. pág. 375, refere, a este propósito que "esta cláusula limitadora de responsabilidade do Estado pretende, em primeira linha, evitar abusos fraudulentos no eventual exercício do direito à indemnização".

[128] Sobre a amplitude e as dificuldades suscitadas sobre a conduta negligente do arguido, Luís Catarino, ob. cit. pág. 377, que também lança dúvidas sobre a desconformidade da solução tendo em atenção os direitos de defesa do arguido, maxime o seu direito ao silêncio.

[129] Assim Guilherme Catarino, ob. cit. pág. 378.

A limitação do exercício dentro de um prazo estabelecido na lei configura, efectivamente de um prazo de caducidade, conforme decorre do artigo 298.° n.° 2 do C.cv.

Um ano que decorrerá sobre o momento em que o preso (ou o detido) foi libertado ou foi definitivamente decidido o processo penal respectivo.

A dupla situação do momento de início de contagem do prazo de caducidade tem o sua justificação desde logo na também dupla fundamentação do direito à indemnização – ilegalidade da sua aplicação e erro grosseiro na apreciação dos pressupostos.

Parece claro que a situação decorrente da avaliação do erro grosseiro na apreciação dos pressupostos que sustentaram a aplicação da prisão preventiva, sendo efectuada *ex post facto*, como se referiu poderá ser condicionada pela decisão definitiva do processo. E nessa situação só após essa decisão poderá suscitar-se a questão da indemnização[130].

Não assim nas situações de verificação e constatação de ilegalidade da prisão.

Neste caso o momento da libertação será assim, também, o momento em que se iniciará o prazo de um ano que possibilita a formulação do pedido de indemnização.

Note-se que não há aqui uma alternativa colocada à disposição do lesado, decorrendo o regime antes das diversas situações que o sustentam.[131]

XI. Da legitimidade

Tem naturalmente legitimidade para requerer o pedido de indemnização sustentado na prisão preventiva ilegal ou injustificada a pessoa que esteve presa preventivamente fora dos condicionalismos legais permitidos.

Estabelece no entanto a lei um regime específico de atribuição de legitimidade, nos casos em que ocorrer a morte da pessoa injustificada-

---

[130] Neste sentido também de decidiu nos Acórdãos do STJ de 31.1.1998 in BMJ n.° 453, pág. 405 e do TRC de 5.5.1998 in CJ 1998 T III, pág. 5.

[131] Assim e neste sentido, Aveiro Pereira, ob. cit. pág. 222, bem assim a jurisprudência aí citada a nota 415 e Germano Marques da Silva, *Curso de Processo Penal*, Lisboa 1993, pág. 268.

mente privada da liberdade, atribuindo ao seu cônjuge, não separado de pessoas e bens, aos seus descendentes e aos seus ascendentes esse direito.

A indemnização nestes casos não pode, no seu conjunto ultrapassar a que seria arbitrada ao detido ou preso.

A solução legal estabelecida no artigo 226.º n.º 2 do CPP não é isenta de equívocos.

Importa desde já referir que o direito concedido às pessoas identificadas no n.º 2 do referido artigo é um direito próprio daquelas pessoas e não um direito hereditário.

Ou seja, ocorrida a morte da pessoa detida nas circunstâncias referidas no artigo 225.º, e encontrando-se ainda a decorrer qualquer dos prazos estabelecidos no artigo 226.º n.º 1 do CPP, as pessoas referidas no n.º 2 passam a ter um direito próprio à indemnização por virtude dos factos que sustentaram a prisão daquele.

Direito próprio que no entanto se funda em factos que têm como sujeito activo outrém e é sobre as consequências da detenção neste outrém – que entretanto morreu – que se sustenta o pedido de indemnização.

Não serão as repercussões da sua detenção na personalidade das pessoas indicadas no n.º 2 do artigo 226.º que serão objecto de apreciação mas sim e ainda os prejuízos que a detenção ou prisão ilegal ou injustificada implicaram para o entretanto falecido.

Parece ser esse o entendimento da lei ao referir, por um lado que é ainda "a indemnização" que o detido pode requerer que poderá ser requerida por outros em situações excepcionais – caso ele faleça e não a tenha pedido ou a ela renunciado. Por outro lado expressamente se refere que a indemnização arbitrada às pessoas que a houverem requerido não pode, no seu conjunto, ultrapassar a que seria arbitrada ao detido ou ao preso.

A renúncia prévia por parte do titular do direito à indemnização paralisa o direito dos seus herdeiros a virem requerer esse direito.

XII. Entre o ser e o devir: itinerários para outras perspectivas

Pode com algum à vontade referir-se que o regime estabelecido no ordenamento jurídico nacional a propósito da responsabilidade civil do Estado decorrente da prisão preventiva não atribui ainda ao cidadão aquela globalidade de direitos que porventura se exige hoje a um Estado democrático.

Como referiu Gomes Canotilho, "a prisão preventiva, lícita embora, não deixa de ser uma lesão do direito de liberdade, isto é de um direito, liberdade e garantia.[132]"

Apontando alguns dos riscos decorrentes de um regime absolutamente aberto na admissibilidade do regime indemnizatório da prisão preventiva, nomeadamente "o "amolecimento ósseo" da prossecução da acção penal e da indesejável inflação de acções ressarcitórias", não deixa aquele autor de questionar-se no sentido de saber se "o cumprimento de uma pena a que se seguiu a absolvição será um simples "dever de cidadania" ou se constituirá uma lesão de um direito, liberdade e garantia?"[133].

A resposta à dúvida, não sendo inequívoca não parece no entanto ser passível de entendimento tão maniquesta como é suscitada a pergunta.

Pois se é direito fundamental da cidadania ser livre não parece ser dever do cidadão suportar qualquer tipo de restrição à liberdade. Mesmo que fundamentado na lei.

E se a prisão preventiva configura uma lesão a esse direito fundamental, que é a liberdade, mesmo legalmente determinada, será insuportável ao Estado de Direito não permitir no seu regime legalmente pré determinado alguma margem de liberdade de actuação que lhe permita exercer os seus poderes, dentro da lei, naturalmente, sem algum risco. Mesmo que seja à custa da liberdade do cidadão. Também aqui será porventura um modelo de concordância prática que importa acautelar, não se enveredando para soluções maniqueístas ou totalitárias.

Parece aliás ser esse o caminho seguido por alguns países que culturalmente nos são próximos e mesmo algumas instituições a que estamos sujeitos.

Assim por exemplo a lei espanhola – artigo 294.° da Lei n.° 6/1985 de 1 de Julho (Ley Orgânica del Poder Judicial) – no âmbito da responsabilidade patrimonial do Estado pelo funcionamento da Administração da Justiça, estabelecendo que *"terá direito a indemnização quem depois de ter sofrido prisão preventiva seja absolvido, por inexistência do facto imputado ou por esta mesma causa haja sido emitido mandado de soltura*

---

[132] Gomes Canotilho, Anotação ao Ac. do STA de 9.10.90, ob. cit. pág. 85.
[133] Ob. cit. pág. 85.

em liberdade, sempre que lhe tenham causado prejuízos", restringe o direito à indemnização através do controlo da natureza da absolvição: quando inexista o facto imputado. Não basta por isso a absolvição do cidadão acusado. Torna-se necessário demonstrar a inexistência do facto que lhe era imputado.

Também a legislação austríaca estabelece o direito à indemnização nos casos em que a vitima que detida ou presa preventivamente por um tribunal nacional por suspeita da prática de uma infracção sujeita a procedimento criminal na Áustria, *"vier a ser posteriormente absolvida desse fundamento de inculpação ou afastada da questão de qualquer outro modo, se as suspeitas que sobre ela incidiam tiverem ficado dissipadas ou se a acção penal se achar excluída por outras razões que já existiam na altura da prisão"*.[134] Ou seja a atribuição da indemnização por virtude de prisão preventiva, quando exista absolvição posterior, exige uma dissipação completa das suspeitas, ou por motivos que já existissem antes da prisão, "limpas de toda a suspeita", na expressão do Tribunal regional de Linz, no caso Sekanina[135].

Quanto à legislação alemã estabelece o direito de indemnização, pelo Estado a *"quem tenha sofrido um dano em consequência da execução de prisão preventiva ou de outra medida de persecução penal, (...)se vier a ser absolvido, se o seu processo for arquivado ou se o tribunal recusar a abertura do procedimento criminal contra si"*.[136]

Trata-se de uma situação efectivamente mais abrangente sustentando inequivocamente uma protecção efectiva do lesado por virtude de aplicação de prisão preventiva, que não teve como consequência a aplicação de qualquer sanção penal.

Um simples juízo de constatação leva de imediato à conclusão que muito restringido se encontra, face a estes ordenamentos, o sistema normativo estabelecido no artigo 225.º do CPP.

---

[134] Artigo 2-1-b da lei de 1969 sobre indemnização em matéria penal.

[135] Dúvidas sobre a legislação em causa foram suscitadas pelo TEDH, no caso Sekanina/Áustria, por decisão de 1993.08.25, tendo aquele tribunal concluído que "a expressão suspeitas sobre a inocência de um acusado concebe-se enquanto o encerramento do procedimento penal não importa decisão sobre matéria de acusação, mas não é possível um apoio legal em tais suspeitas depois de uma absolvição tornada definitiva" – cfr. Acórdão citado in *Sub Judice*, n.º 7, pág. 149.

[136] Lei sobre indemnização por medidas de persecução penal de 8 de Maio de 1971, parágrafo 2.º (na redacção da Lei de 9 de Dezembro de 1974).

Uma recentíssima corrente jurisprudencial no Supremo Tribunal de Justiça veio no entanto como que dar "um abanão" no edifício legislativo português, aproximando, não por via da lei processual penal, o regime normativo português às soluções legais estrangeiras referidas.

Efectivamente, depois de um primeiro Ac. do STJ de 1998, já no ano 2000 foi proferido e publicado o Ac. do STJ de 12.10.2000 que alarga o âmbito da responsabilidade civil do Estado no caso de indemnização por prisão preventiva de uma forma absolutamente inovadora.

Assim, a uma situação em que foi aplicada prisão preventiva, de forma legal, a que sobreveio entretanto a absolvição, onde não foi detectado qualquer erro grosseiro nos pressupostos de facto da sua aplicação, mas à qual – prisão preventiva – não correspondeu factualidade alguma, conforme prova posterior obtida, entendeu o STJ que seria ainda o Estado responsável pelos eventuais prejuízos causados ao lesado, que, no caso concreto, se vierem a demonstrar.

Sustenta-se esta posição, não na determinação legal do artigo 225.º do CPP, e indirectamente no artigo 27.º n.º 5 da CRP, mas directamente no artigo 22.º da CRP[137].

---

[137] Vale a pena referir sucintamente a fundamentação dos acórdãos citados. No primeiro deles – Ac. publicado in CJ/STJ, tomo III a pág. 112, refere-se que "não há incompatibilidade mas sim complementaridade entre a previsão genérica do artigo 22.º da CRP e o artigo 27.º n.º 5 da LF, já que este último inciso constitucional representa um alargamento (um *majus*) da responsabilidade civil do Estado já consagrado naquele anterior normativo. (...) A simples subsistência por um tão longo período da privação da liberdade que afinal se veio a revelar "ab initio" injustificada, assume, em princípio um carácter de gravidade, penosidade e anormalidade merecedora da tutela do direito para fins indemnizatórios". No segundo Ac., escreve-se que "o artigo 225.º do CPP ancora-se no art. 27.º n.º 5 da Lei Fundamental e reporta-se, conforme se sublinhou à responsabilidade por facto ilícito e por erro grosseiro; mas é bem possível conceber casos que constituem o Estado no dever de indemnizar quando estão em causa graves efeitos danosos por factos lícitos advenientes da função jurisdicional através da qual se decretou uma prisão preventiva legal sem erro grosseiro (...). Com a aplicação analógica sustentada pelas normas similares do DL n.º 48051 de 21.11.67 ou com a aplicação directa dos princípios gerais de direito que responsabilizam a Administração e seus órgãos e fixam os critérios indemnizatórios de ressarcimento por danos, o certo é nos casos referidos (prisão preventiva ordenada sem qualquer erro mas à qual não corresponde factualidade nenhuma conforme prova posterior obtida) a norma matriz que alicerça o direito indemnizatório do lesado é a do artigo 22.º da Lei Fundamental e não a do artigo 27.º n.º 5" – cfr. Acórdão do STJ de 12.10.2000, CJ-STJ Tomo 3, pág. 66.

Trata-se sem dúvida alguma de uma posição inovadora na jurisprudência portuguesa, sendo certo que aqueles dois arestos não tinham até hoje qualquer antecedente[138].

A solução inovadora agora apontada pelas decisões referidas vai efectivamente no sentido de alargar o regime legal estabelecido no CPP referente à responsabilização do Estado pela prisão preventiva, nomeadamente deixando aberto o caminho para a possibilidade de responsabilização do Estado nos casos de prisão preventiva legalmente determinada mas que não teve a jusante qualquer consequência, nomeadamente a condenação do cidadão que se viu privado da liberdade, verificados nomeadamente alguns requisitos como sejam a existência de "encargos ou causado prejuízos especiais ou anormais", a que se alude no art. 9.º do Decreto Lei n.º 48051 de 21.11.67.

Algumas dúvidas suscitam no entanto esse entendimento jurisprudencial, face ao regime tipificado e assumido voluntariamente pelo Estado português, quando do estabelecimento do CPP de 1987, no seguimento do inciso constitucional determinado pelo artigo 27.º n.º 5 da CRP.

Não sendo uma norma programática, mas antes uma norma que estabelece um direito concreto, como se referiu supra, é também inequívoco que deixa ao legislador ordinário a "margem de liberdade" legislativa própria dos poderes legiferantes consagrada num Estado de Direito, no sentido de estabelecer através da lei, quais os requisitos que, violados, despoletam o direito à indemnização por violação desse direito.

Essa opção foi efectuada pelo legislador de 1987 ao estabelecer os requisitos que sustentam a admissibilidade do direito de indemnização através do mecanismo do artigo 225.º do CPP[139]. Se o legislador poderia ou deveria ter ido mais longe, no sentido de alargar os requisitos da indemnização, essa é certamente outra dimensão da discussão da questão.

---

[138] Veja-se entre outros os Ac. do TRL de 13.5.1993 in CJ 1993 T III, pág. 99, do STJ de 17.10.1995 in CJ (STJ) 1995 T III, pág. 65, de 6.1.2000 in CJ (STJ) T I, pág. 23, do STJ de 17.3.1998 in CJ (STJ) T I, pág. 131.

[139] Não se omitindo o juízo de inconstitucionalidade efectuado liminarmente sobre o regime em causa por Rui Medeiros, ob. cit. pág. 105 e mais recentemente, embora de modo não tão explícito, também por Luís Catarino, in ob. cit. pág. 380, certo é que as decisões já proferidas pelo Tribunal Constitucional sobre o artigo não enveredam por esse juízo, antes sustentando o juízo de constitucionalidade do artigo 225.º do CPP – ver Ac. TC n.º 160/95 cit.

Como já se referiu em nota, foi publicada a proposta de Lei n.º 95/ /VIII onde, entre outras importantíssimas alterações ao regime da responsabilidade civil do Estado, é também alterado o artigo 225.º do CPP.

Porque a proposta de alteração assume uma importância não despicienda far-se-á uma breve consideração sobre as alterações propostas[140].

Assim são cinco os pontos a salientar.

Desde logo importa reter que o regime excepcional da responsabilidade civil do Estado decorrente dos danos pela privação injusta da liberdade, estabelecido no artigo 225.º do CPP, não perderá essa natureza, face ao regime geral da responsabilidade civil dos danos decorrentes do exercício da função jurisdicional. Não só a manutenção do regime é absolutamente inequívoca desse sentido como o próprio legislador o refere no artigo 13.º da Proposta de Lei.[141]

Num segundo apontamento importa referir que se alarga notória e claramente o regime excepcional de responsabilidade por danos decorrentes de privação injusta de liberdade a todas as situações em que a liberdade seja total ou parcialmente restringida, nomeadamente por efeito de outras medidas cautelares, para além da prisão preventiva. Estão naturalmente nesta perspectiva, para além da detenção, que claramente configura uma privação de liberdade, também todas as restantes medidas de coacção estabelecidas no Código de Processo Penal no artigo 196.º, 198.º, 199.º, 200.º e 201.º. Ou seja, com excepção da caução, todas as restantes medidas de coacção poderão determinar o despoletar do regime de responsabilidade civil do Estado, desde que verificados os restantes pressupostos legais.

Uma terceira nota para a eliminação do requisito "manifestamente" com referência ao carácter ilegal da medida aplicada, estabelecido no artigo 225.º (hoje n.º 1). Ou seja, conforme se referiu supra, com a proposta de lei basta-se a ilegalidade da aplicação da medida para que, con-

---

[140] Obviamente que o juízo a fazer sobre a proposta é, por um lado necessariamente fragmentário, porque apenas cingido à questão do artigo 225.º, e não a todo o regime da responsabilidade civil do Estado, nomeadamente no domínio da actividade jurisdicional e, por outro sujeito à contingência de alterações que venham a ser introduzidas na proposta.

[141] Estabelece o artigo 13.º n.º 1 o seguinte: "Sem prejuízo do regime especial aplicável aos casos de sentença penal condenatória injusta e de privação injustificada de liberdade, o Estado é civilmente responsável pelos danos decorrentes de decisões jurisdicionais manifestamente inconstitucionais ou ilegais ou injustificadas por erro grosseiro na apreciação dos respectivos pressupostos de facto".

juntamente com outros requisitos, seja possível reparar os danos decorrentes de privação ilegal de liberdade.

Uma quarta alteração fundamental tem a ver com a eliminação do requisito "grosseiro" no caso de verificação de erro na avaliação dos pressupostos de facto de que dependem a aplicação das medidas. Trata-se efectivamente de um ampliação do regime de admissibilidade da responsabilidade civil do Estado, sendo certo que este requisito, como se viu supra no ponto VIII, era um dos que mais questões suscitava à doutrina. A sua eliminação abre claramente "a porta" à possibilidade de ver ressarcido um número substancialmente maior de situações passíveis de tutela judicial.

Por último, mas não menos importante, importa referir que no âmbito da exclusão da responsabilidade por virtude de conduta do lesado, estabelece-se na proposta os casos em que haja dolo ou culpa grave do lesado na concorrência do erro. E não, como até agora quando se verificasse também uma situação de negligência simples.[142]

Numa apreciação necessariamente sintética pode dizer-se que a proposta de Lei alarga substancialmente a tutela dos direito à reparação dos danos decorrentes da responsabilidade por virtude de privação injusta da liberdade.

---

[142] As dificuldades do regime vigente a propósito das suas consequência estão expressas no ponto IX.

O DIREITO À LIBERDADE
E A PRISÃO PREVENTIVA: LEGITIMAR
A EXCEPÇÃO PELA FUNDAMENTAÇÃO *

O discurso público recente a propósito da prisão preventiva tem oscilado entre a certeza dos números, a razão da dogmática e a paixão da emoção de quem apenas vê o caso concreto.

Provavelmente não se podia pedir outra visão a quem, parcelarmente, avalia o problema.

Pode contudo pretender-se efectuar uma avaliação jurisdicional sobre a questão, isenta, ponderada, com algum distanciamento crítico, dir-se-ia descomprometida..., não fossem os juízes quem aplica a prisão preventiva!

É esse o risco que assumimos.

Desde logo esse distanciamento permite-nos, num primeiro momento, atentar nalgumas práticas dogmáticas e jurisprudenciais verdadeiramente omissivas em relação ao regime normativo da prisão preventiva, onde se destacam quer o tratamento dogmático da natureza excepcional da prisão preventiva quer a fundamentação das decisões.

A revisão constitucional de 1997 veio incluir na Constituição da República o carácter excepcional da prisão preventiva – artigo 28.º n.º 4 da CRP.

Se dúvidas havia – e parece que não poderia haver – que o direito processual penal é, afinal, direito constitucional aplicado, a consagração constitucional do carácter excepcional da prisão preventiva não foi, por isso, uma mera tautologia ou um exercício de retórica.

É certo que já decorria do regime normativo estabelecido no Código de Processo Penal de 1987 que a prisão preventiva só pode ser aplicada se

---

* Texto publicado originalmente no jornal «Comunicar Justiça» em Janeiro de 2004.

outras medidas de coacção não satisfizerem as finalidades requeridas no caso concreto.

No entanto a imposição constitucional explicita, inequivocamente, esse outro e novo requisito restritivo à aplicação daquela medida de coacção, impondo claramente ao intérprete essa afirmação de excepcionalidade.

Tal entendimento das coisas deve por isso consubstanciar-se no regime normativo da prisão preventiva, de uma forma directa.

Assim fará todo o sentido numa eventual reforma do processo penal consagrar um quadro normativo aplicável à prisão preventiva verdadeiramente excepcional em relação às demais medidas de coacção.

Tal regime passaria, entre outras dimensões possíveis, pelo «apertar» dos requisitos que possibilitam a aplicação da prisão preventiva em relação a outras medidas de coacção, pela existência de um procedimento autónomo e paralelo onde a celeridade fosse o fundamento e, sobretudo, um regime de recurso verdadeiramente independente dos recursos das decisões que apliquem outras medidas de coacção, de natureza excepcional, semelhante, por exemplo, ao regime do «habeas corpus».

Se estas propostas poderão configurar uma verdadeira garantia das admissíveis e compreensíveis restrições do direito à liberdade decorrentes das finalidades que subjazem ao processo penal (verdade material, restabelecimento da paz jurídica e tutela dos direitos de defesa) não pode deixar de se exigir sempre que tais restrições sejam fundamentadas.

Não podem configurar-se restrições aos direitos fundamentais sem uma fundamentação inequívoca, devidamente documentada e que pressuponha um efectivo direito à sua contraditoriedade, concretizando as normativamente estabelecidas garantias de defesa.

Não sendo assim, tal decisão mais do que nula, é ilegítima.

A fundamentação inequívoca sobre os motivos de facto que sustenta qualquer decisão que aplique medidas restritivas de direitos, como são as que aplicam medidas de coacção, já hoje vigente no Código de Processo Penal, impõe a afirmação inequívoca da factualidade imputada ao arguido no momento em que é indiciado, bem como as razões de facto e probatórias que sustentam a aplicação da medida.

Questão diferente é a excepcional compressão desse direito resultante das necessidades decorrentes da investigação criminal, que não surgem nunca como qualquer insuportável atentado ao direito de defesa e que, em determinadas situações impõe uma restrição a essa fundamentação exaustiva.

Repare-se que também aqui o legislador não pode deixar de ser sensível à concordância prática entre dois, aparentemente contraditórios, interesses: a necessidade da investigação criminal com a consequente constrição de direitos fundamentais sem as quais provavelmente não pode ser efectivada e a consagração de um efectivo direito de defesa de quem se vê envolvido nessa investigação.

Nada de trágico se cada um dos titulares desses interesses conhecer clara e rigorosamente os seus limites de actuação no procedimento e os respeitar.

ALGUMAS NOTAS
A PROPÓSITO DA INVESTIGAÇÃO CRIMINAL
NA CRIMINALIDADE FINANCEIRA *

O regime constitucional decorrente da aprovação da Constituição da República de 1976 traçou a matriz unitária da investigação criminal assente no princípio da legalidade, na existência de um órgão que detém a titularidade da acção penal, autónomo e separado do órgão constitucional que julga e garante os direitos, liberdades e garantias no decurso da investigação e num conjunto de órgãos de polícia criminal que desenvolvem com autonomia técnica a investigação.

Se este quadro geral, sendo inequívoco, merece a concordância genérica dos operadores judiciais, face à evolução da realidade criminal o decurso do período constitucional do regime democrático ao longo de trinta anos impôs e impõe, no entanto, uma adaptação de alguns instrumentos normativos a uma realidade sempre em mutação.

Parece evidente que a realidade criminogena acompanha a realidade sociológica. Ou seja o crime, ou a sua prática, segue a evolução social, a inovação, as novas tecnologias, as novas actividades económicas, os novos modos de enfrentar o mundo.

Exemplos dessa constante adaptação podem buscar-se na proliferação e instrumentos normativos seja de cariz substantivo seja de cariz processual que ao longo de trinta anos moldaram a arquitectura que enquadra a investigação criminal em Portugal.

O novo CPP, a lei da criminalidade informática, a lei do branqueamento de capitais, a lei da droga, a lei da organização de investigação criminal, a lei n.º 36/94, a lei de combate ao terrorismo, o mandado de

---

* Texto apresentado na Jornadas de Criminalidade Financeira e Mercado de Capitais em Lisboa, Janeiro de 2005.

detenção europeu, são apenas exemplos de uma constante adaptação da lei à realidade.

Num quadro jurídico desta natureza não pode o legislador omitir a resposta normativa ao fenómeno do mercado de valores mobiliários sobretudo após a sua reorganização e a sua reestruturação decorrente da estabilização do regime político e constitucional.

É inequívoco o papel estratégico do mercado bolsista na economia. E é-o na economia nacional como o é na economia global. Aliás não pode hoje olhar-se economia de um País sem ver e atentar na economia de um espaço global, seja a nível europeu, seja a nível mundial.

E se esta é a realidade onde nos encontramos, também a nível da reacção normativa à violação de um quadro legal que se estriba em quadros normativos mais ou menos idênticos num espaço jurídico comum, não podem permitir-se diferenciações que ponham em causa a legitimidade do próprio sistema.

É sabido que para além das especificidades subjacentes ao mercado de valores mobiliários em relação a outros subsistemas económicos, nomeadamente a sua concentração, a sua sensibilidade, a sua volatilidade, a sua agilidade, estamos em presença de um subsistema onde os valores da confiança, da transparência, da igualdade de tratamento, da reserva ou confidencialidade e da responsabilidade assumem uma dimensão especial.

Simultaneamente estamos em presença de um subsistema onde a dimensão económica é visualizada a dois níveis: por um lado atravessa todos os tipos criminais; por outro assume uma dimensão quantitativa muito elevada. Dupla dimensão essa inexistente na grande maioria da criminalidade que atinge os sistemas formais de controlo.

Tendo presente estas especificidades estabeleceu-se um quadro normativo que, a nível das respostas sancionatórias levou em consideração o facto de qualquer intrusão a um quadro de grande rigor e transparência, exigir uma resposta eficaz, rápida e segura, não compatível com respostas já estabelecidas pelo ordenamento jurídico para outras violações de normas que tutelam outros bens jurídicos.

Essas respostas, todos as conhecemos, passam pela existência de um regime administrativo de controlo rápido (caso da possibilidade dada à Bolsa de Valores de anular operações realizadas suspeitas), um regime contraordenacional próprio, um conjunto de crimes específicos, e sobretudo a existência de um organismo de detecção rápida das infracções articulado na sua actuação com os órgãos de investigação «tradicionais» bem como um procedimento que assume particularidades inequívocas.

Esta, sublinhe-se, é uma resposta idêntica à existente noutras ordens jurídicas que nos são próximas.

Vale a pena atentar, por isso nestas especificidades, apenas no que diz respeito à investigação criminal, e verificar os resultados já identificados decorrentes do que tem sido a praxis deste sistema.

O conjunto de investigações terminadas e objecto de acusação e posterior julgamento não podendo ainda enquadrar-se numa perspectiva estatística relevante permite no entanto que se avalie o teor da investigação efectuada em função do resultado obtido.

E desde logo tendo presente, apenas, os cerca de 7 inquéritos em investigação desde 2000 na Polícia Judiciária podem identificar-se 5 inquéritos concluídos com proposta de acusação, 3 já julgados com condenação em primeira instância e dois ainda não julgados.

Importa atentar desde logo em duas realidades.

De um lado a inequívoca importância que assume a investigação preliminar efectuada pela Comissão de Mercado dos Valores Mobiliários (CMVM), não só na detecção das situações ilícitas ocorridas como também na sua demonstração em termos de possibilitar a investigação criminal subsequente.

A CMVM conhece, como ninguém a realidade em investigação, nomeadamente os procedimentos efectuados, os perfis negociais, o tipo de operações desencadeadas.

Sobretudo tem uma visão global do funcionamento do mercado muito precisa que lhe permite rapidamente detectar quando algo ocorrido não corresponde a cânones pré-definidos.

Por outro lado temos por certo que a investigação criminal subsequente à detecção da suspeita da ocorrência estriba-se em muito no que foi a averiguação preliminar e não obstante ter uma finalidade diversa, a audição de quem detectou os factos suspeitos, quem estava presente, quando ocorreram, quem tem os instrumentos à venda, quem entrou no mercado, quais as pessoas que trabalham no meio, quem detém carteiras de títulos, entre muitos outros factos, é fundamental para o sucesso da investigação.

A transmissão ao órgão de polícia criminal de todos estes elementos é crucial para balizar e permitir uma investigação criminal orientada.

Mas se esta conexão entre a CMVM e o órgão de polícia criminal com competência legar para investigar os crimes do mercado de valores mobiliários (Polícia Judiciária) é fundamental, vale a pena atentar que alguns problemas são levantados à investigação criminal nomeadamente à sua aceleração e mesmo à sua eficácia.

Falamos essencialmente nas dificuldades de acesso a dados de tráfego existentes nas operadoras de telecomunicações, no acesso à facturação detalhada, fundamentais à investigação criminal, no acesso a contas bancárias e mesmo na impossibilidade de efectuar escutas telefónicas, face à moldura penal estabelecida para os tipos criminais em causa.

Potenciar uma investigação criminal que, não obstante a sua natureza inequivocamente arqueológica, todos reconhecem dever ser rápida para ser eficaz exige por isso por parte dos órgãos de polícia que a efectuam uma disponibilidade e alguma criatividade, que, disponibilizados outros meios certamente seria mais operacional.

Como já referimos noutra ocasião, se na investigação do crime económico, falar de meios de investigação criminal é falar de meios humanos dotados de grande capacidade de investigação, é inequívoco que a formação profissional nesta área assume uma dimensão primordial.

Trata-se de dotar todos quanto têm a tarefa de investigação no âmbito desta criminalidade, de mecanismos de compreensão de uma realidade muito circunscrita, específica e dotada de códigos de interpretação muito fechados.

Atente-se por exemplo que a definição de perfis de eventuais suspeitos, como mecanismo de investigação criminal fundamental à investigação criminal, exige por parte de quem executa essa tarefa um domínio total da realidade em questão.

Numa outra perspectiva importa não omitir que os valores em causa em inquérito desta natureza potencia a existência de um contraditório munido de grande «know how» técnico, na fase posterior à publicidade do processo, o que não pode deixar de ser levado em consideração no decurso e na orientação da investigação criminal.

A formação profissional de investigadores nesta matéria contribui certamente para que alguns dos problemas identificados possam ser superados.

A Polícia Judiciária certamente beneficiará dos contributos dados por quem desta área tem um conhecimento profundo.

Da nossa parte certamente que existirá toda a disponibilidade para contribuir para que a detecção e investigação permita conduzir à atenuação de cifras negras nesta área criminal.

A POLÍCIA JUDICIÁRIA E A INVESTIGAÇÃO DA CRIMINALIDADE FISCAL *

I. A evolução do sistema jurídico-processual fiscal

Ao longo dos últimos trinta anos assistiu-se na sociedade portuguesa a uma evolução gradual do sistema fiscal que culminou numa mudança de paradigma no que respeita à reacção criminal à fraude a à evasão fiscal.

Vale a pena recuar um pouco no tempo, percepcionando rapidamente tal evolução e sobretudo o que foi o entendimento da sociedade portuguesa sobre os impostos, o seu (não) pagamento e a resposta aos comportamentos defraudatórios do sistema tributário, para que se entenda o estado actual das coisas no que respeita à actuação da Polícia Judiciária no âmbito de uma política de combate à fraude fiscal.

A estabilização do quadro constitucional decorrente da instauração do regime democrático em 1974 permitiu que, perante o sistema tributário fragmentário existente à data, se criminalizasse em 1976, com o Decreto Lei n.º 619/76 de 27 de Julho, as infracções tributárias mais graves punindo-as com a pena de prisão.

Provavelmente porque o sistema fiscal não se encontrava, ainda, estruturado, e muito menos sedimentado tal regime foi pouco mais que letra morta no panorama jurídico criminal enquanto vigorou.

Ao longo dos anos oitenta assistiu-se à construção e fixação de um quadro tributário completamente novo na sociedade portuguesa.

Criados os normativos fiscais que implementaram o IVA, o IRS, o IRC e a Contribuição Autárquica estava, aparentemente, estabilizado o

---

* Versão ligeiramente modificada do texto apresentado na Conferência proferida na Associação Fiscal Portuguesa, Lisboa, em Fevereiro de 2005.

edifício jurídico fiscal que permitiria encarar de uma forma diferenciada e sustentada um regime jurídico relativo às infracções fiscais e a sua investigação.

Daí que até finais da década de oitenta, altura em que foram publicados os Decretos Lei n.º 376-A/89 de 25 de Outubro, que aprovou o Regime Jurídico das Infracções Fiscais Aduaneiras (RJINFA) e, logo de seguida, o Decreto Lei n.º 20-A/90 de 15 de Janeiro que consubstanciou o Regime Jurídico das Infracções Fiscais não Aduaneiras (RJINFNA), várias foram as tentativas de reformas fiscais que foram ficando pelo caminho.

Com o estabelecimento do RJINFA e do RJINFNA a fraude fiscal, o abuso de confiança fiscal e a frustração de créditos fiscais passaram, a partir dessa altura, a entrar no léxico comum utilizado não só pelos serviços de inspecção tributária com também pelas polícias e pelos tribunais.

No que respeita ao RJINFNA, e como sua marca indelével, no que respeita à criminalização das infracções fiscais encontramos a afirmação da pena de multa como pena principal.

Apenas na circunstância de não ser liquidada a pena de multa, corresponderia uma pena de prisão alternativa.

Ou seja entendia então o legislador que a pena de multa, face ao bem jurídico violado pelos vários comportamentos ilícitos e criminais, seria num primeiro momento suficiente para que o infractor interiorizasse a gravidade do comportamento e assim se estabilizasse o sentido da norma violada.

Foi, no entanto, curto o «reinado» da primeira versão do RJINFNA.

Logo em 1993 o Decreto Lei n.º 394/93 de 24 de Novembro alterou substancialmente os tipos de crimes e as molduras penais dos crimes fiscais estabelecendo que as penas principais aplicáveis aos crimes fiscais cometidos por pessoas singulares são exclusivamente as penas de prisão e multa, estabelecendo que a pena de prisão é fixada até cinco anos.

Ou seja a pena de prisão passa a ser, pela primeira vez a cominação impressiva para o cidadão que viole de uma forma típica os bens jurídicos tutelados nas leis tributárias.

É, então, claro o sinal que publicamente se dá sobre o sentido de uma política criminal em matéria de infracções fiscais ao cidadão.

Violar, de um ponto de vista criminal, as leis tributárias passa claramente a ter um outro sentido, já longe de uma tolerância passiva por parte do Estado à fuga sistemática e organizada aos impostos.

Os sete anos de vigência dos RJINFA E RJINFNA não foram, no entanto, pródigos no que respeita a uma activação dos sistemas formais de controlo judiciários, nomeadamente em termos de investigações criminais, acusações e julgamentos.

A mudança geral do sistema ocorrida com a Lei n.° 15/2001 de 5 de Junho que revogou os dois regimes diferenciados e estabeleceu o Regime Geral das Infracções Tributárias, veio finalmente encarar de uma outra forma toda a problemática da criminalidade tributária.

Desde logo são marca inequívoca do regime o facto de toda a criminalidade tributária (independentemente do tipo de impostos que está em causa) ser juridicamente tratada num só diploma, obedecendo aos mesmos princípios e sancionadas de maneira não diferenciada.

O âmbito de aplicação do RGIT abrange as prestações tributárias aduaneiras e fiscais, as contribuições à segurança social e ainda os benefícios fiscais e franquias aduaneiras.

O que está em causa é a prática de factos ilícitos que defraudem o sistema tributário, independentemente do tipo de imposto em causa.

É clara a lei quando refere ser «infracção tributária todo o facto típico, ilícito e culposo, declarado punível por lei tributária anterior».

Outra «marca» característica pode identificar-se no estabelecimento das penas principais aplicáveis aos crimes tributários cometidos por pessoas singulares e que são a pena de prisão até aos 8 anos ou a multa de 10 a 600 dias.

Criminologicamente ultrapassa-se de uma forma inequívoca a fasquia da média criminalidade, normalmente associada à moldura da pena de prisão até 5 anos, para entrar já em áreas inequivocamente identificadas como «grande» criminalidade.

Ou seja o legislador quis, nesta matéria sinalizar sem qualquer dúvida que os bens jurídicos protegidos com os crimes fiscais deixavam de estar ao nível de um direito penal de segunda linha.

Mas foi mais longe o legislador ao criminalizar de uma forma autónoma do Código Penal o crime de associação criminosa dirigida à prática de crimes tributários.

Coloca-se, por isso, uma «faixa» precisa da criminalidade tributária ao mesmo nível de um conjunto vasto de criminalidade contra a paz pública, cujas regras procedimentais e sobretudo ao nível da investigação obedecem a uma lógica de investigação diferenciada.

Não falamos, agora, nesta área restrita, da criminalidade de «massa», mas antes e naquele tipo de crimes, da criminalidade dogmaticamente identificada como criminalidade organizada, segundo a divisão de Winfried Hassemer[143].

Não é nem pode se inócua, em termos de valoração e concretização de uma política criminal, esta evolução.

II. A mudança de paradigma na investigação criminal

Se a nível do direito substantivo criminal é este, sinteticamente traçado, o percurso e o estado das coisas actualmente fixado, vale a pena atentar em algumas particularidades no procedimento, seja dum ponto de vista subjectivo, seja de um ponto de vista meramente adjectivo.

No que respeita à questão das entidades juridicamente estabelecidas com poder de investigação criminal, sempre a direcção do inquérito esteve sob responsabilidade do Ministério Público, como aliás não podia deixar de ser do ponto de vista constitucional.

No entanto, no que respeita à criminalidade fiscal, de uma forma geral, também desde sempre se entendeu que só uma delegação de competências genérica nos órgãos da administração tributária, fosse ele de natureza aduaneira, fiscal ou de segurança social, seria compatível com uma investigação eficaz deste tipo de criminalidade.

Atente-se apenas no actual RGIT (artigo 41.°) que expressamente efectua esta delegação de competências no Director de Serviços Antifraude das Alfândegas, na Brigada Fiscal da Guarda Nacional Republicana, no Director de Finanças ou no Director de Serviços de Prevenção e Inspecção Tributária ou nos presidentes das pessoas colectivas de direito público a quem estejam atribuídas competências nesta matéria.

Pode dizer-se que a uma criminalidade de «massa», se bem que especificamente identificada como de natureza fiscal, correspondia uma resposta adjectiva também ela repartida por uma conjunto de órgãos de polícia criminal ou entidades com competência investigatória apenas diferenciados pela natureza fiscal do ilícito e nada mais.

Excepcionando os casos onde a criminalidade fiscal se encontrava em conexão directa com outro tipo de criminalidade organizada provavel-

---

[143] Winfried Hassemer, *A segurança pública no Estado de Direito*, AAFDL, Lisboa, 1995, pág. 51.

mente não se justificaria uma atribuição de competência específica de investigação criminal a um órgão superior de polícia estruturalmente identificado para a investigação de outros tipos de crime.

Por isso o quadro legal, até Dezembro de 2002 omitia directamente qualquer referência à Polícia Judiciária como entidade com competência exclusiva ou não para investigar este tipo de crimes.

Já se viu que, com o RGIT, quis o legislador alterar o paradigma criminal em que até aí se sustentavam os crimes fiscais.

De um tipo criminal de «baixa densidade» passou-se a um outro e mais elevado patamar criminal, não só identificado nas molduras criminais como também nos tipos de crimes.

Atente-se, como se referiu, no caso do crime de associação criminosa estabelecido no artigo 89.º.

Esta nova abordagem tornou inequivocamente passível de intervenção na investigação criminal deste tipo de criminalidade outros órgãos de investigação criminal diferenciados.

Como se referiu a investigação criminal relacionada com a criminalidade fiscal, nos seus vários domínios, esteve praticamente «entregue» aos serviços da administração fiscal, aduaneira e da segurança social e ao órgão de polícia criminal Guarda Nacional Republicana, através da Brigada Fiscal.

Não obstante, sempre a Polícia Judiciária interveio na investigação de alguma franja de criminalidade tributária, quando estavam em causa associações criminosas ou quando estavam em causa factos decorrentes de infracções de carácter organizado e de natureza transnacional.

Isso mesmo decorria da Lei Orgânica da Polícia Judiciária (Decreto Lei n.º 275-A/2000 de 9 de Novembro, alterado pela Lei n.º 103/2002 de 25/8) e da Lei de Organização da Investigação Criminal (Lei n.º 21/2000 de 10 de Agosto).

Se aquela competência genérica não sofria nem sofre qualquer dúvida, a alteração do paradigma criminológico relativo aos crimes tributários exigia que se respondesse com uma definição clara e inequívoca de competências específicas, mesmo que residuais, nesta área tendo em atenção por um lado o valor dos prejuízos ao Estado e, por outro, a especial complexidade, a forma organizada ou o carácter transnacional dos crimes.

Também a necessária ligação que a investigação deste tipo de crimes tem com um efectivo sistema de informação financeira, que só foi criado em Portugal com a o estabelecimento de uma Unidade de Informação Financeira (UIF), necessitava de uma abordagem investigatória efectuada por um órgão de polícia criminal dotado de meios técnicos e humanos com formação especializada nesta matéria.

Este conjunto de circunstâncias levou a que de uma forma inequívoca se atribuísse em 2002, através do Decreto Lei n.º 304/2002 de 13 de Dezembro a competência investigatória dos crimes tributários de valor superior a € 500 000, quando assumam especial complexidade, forma organizada ou carácter transnacional, à Polícia Judiciária.

Foi claro o legislador quando referiu ser à Polícia Judiciária que cabe um papel fundamental quer em termos de recursos humanos, quer em meios técnicos e científicos no combate aos crimes que mais danos causam à vida em sociedade neles englobando as infracções fiscais que pela sua dimensão têm repercussão na cobrança de receitas públicas.

Vale a pena referir, para que não restem dúvidas que esta «fatia» de criminalidade assumindo uma expressão estatística residual assume uma relevância «real» que não pode deixar de ser sublinhada.

Desde logo falamos de criminalidade que por regra anda associada a outro tipo de crimes, nomeadamente ao branqueamento de capitais.

Recorde-se que o tipo de crime branqueamento de capitais, pela sua estruturação, encontra-se na competência exclusiva da Polícia Judiciária.

Por outro lado é claro que quando falamos desta «franja» criminal falamos de criminalidade organizada de cariz internacional que utiliza de uma forma absolutamente amigável as novas tecnologias, nomeadamente os sistemas informáticos, quer como forma de comunicação quer como forma de acesso a outros sistemas que utiliza, nomeadamente o sistema bancário.

A perspectiva histórica que atribui à PJ a competência para a investigação deste tipo de criminalidade está assim demonstrada.

Quais foram, entretanto, os resultados de uma nova política criminal de redistribuição de competências é o que se passa a fazer.

III. Entre o número e o valor das infracções fiscais em investigação

A avaliação de um modelo importa antes de mais a análise dos resultados produzido.

É possível, embora com algumas limitações ter acesso a um conjunto de dados estatísticos que permitem analisar a realidade onde se move este tipo de criminalidade e os diversos «actores» processuais.

Crimes fiscais aduaneiros e não aduaneiros registados pelas autoridades policiais em 2002: 2917

Fonte: Estatísticas da Justiça

Crimes fiscais aduaneiros e não aduaneiros registados pelas principais autoridades de investigação em 2004:

DGAIEC: 59
DGI: 4060
TOTAL: 4119

Fonte: DGAIE e DGI

Inquéritos pendentes na Polícia Judiciária, no fim de 2004 cuja infracção principal é crime fiscal ou crime fiscal aduaneiro

Contagem de Unidade	
Unidade	Total
Central DCICCEF	41
Local da Guarda	1
Local de Aveiro	2
Local de Braga	8
Local de Leiria	3
Local de Portimão	3
Local de Setúbal	7
Regional de Coimbra	3
Regional de Faro	9
Regional do Porto	6
Total global	83

Fonte: DCICCEF(Polícia Judiciária)

Do conjunto de dados referenciados pode constatar-se em primeiro lugar que o quantitativo numérico criminal, no domínio da criminalidade fiscal, da competência da Polícia Judiciária é claramente reduzido em função da mancha global da criminalidade fiscal distribuída pelos restantes órgãos de polícia criminal.

A aparência dos números não pode no entanto deixar de ser interpretada de uma forma realista.

Importa referir que grande parte dos inquéritos em investigação assumem um complexidade indiscutível, quer pela amplitude da fraude, pela sua estruturação organizatória ou pela quantidade de arguidos envolvidos.

Trata-se por regra de inquéritos cujo tempo investigatório é muito demorado e que facilmente se enquadram no conceito legal de processos de elevada complexidade.

Repare-se que, como consequência desta atribuição do qualificativo processual de «especial complexidade» não só os prazos de investigação são mais dilatados como também as consequências para os arguidos envolvidos, nomeadamente em termos de medidas de coacção de carácter detentivo são mais gravosas.

Trata-se por outro lado de crimes cuja investigação exige um conjunto de meios de obtenção de prova de alta densidade. Ou seja falamos de criminalidade onde escutas telefónicas, vigilâncias ou mesmo o recurso de meios de investigação ainda mais poderosos como os agentes infiltrados podem ser utilizados.

Mas se a valoração da qualidade do tipo de inquéritos, pela sua complexidade parece inequívoca, importa atentar numa outra dimensão da questão, que curiosamente só muito recentemente começou a ser observada e relevada quer pelos órgãos de polícia criminal quer por outras instâncias formais de controlo e mesmo pelas autoridades não judiciárias.

Trata-se do valor que envolvem os inquéritos em curso nesta área e a danosidade que comportam para o Estado e as suas instituições.

Já não falamos do cidadão que «foge» ao fisco defraudando os cofres do Estado numa parcela proporcional aos seu grau de envolvimento no sistema.

E que, diga-se, se multiplicado por milhares de cidadãos tem uma repercussão económica e financeira acentuada na própria economia.

Falamos ao contrário de um pequeno conjunto de cidadãos que utilizam ou se utilizam do sistema de uma forma profissionalmente fraudulenta apoderando-se de quantias monetárias cujos valores atingem, números absolutamente impensáveis à bem pouco tempo.

Valores que pela sua dimensão, podem inclusivé tornar-se uma pedra fundamental no equilíbrio das contas públicas.

O impacto destes valores na economia e nas finanças públicas não pode ser menosprezado e, ao contrário, deve ser levado em conta de uma forma inequívoca pelos próprios decisores políticos.

Prejuízos patrimoniais ao Estado detectados em inquéritos em investigação pela PJ no domínio da criminalidade fiscal no ano de 2004

DEPARTAMENTO	VALOR
DCICCEF	548.860.610,58 €
Directoria do Porto	23.175.000,00 €
Directoria de Coimbra	19.394.238,48 €
Directoria de Faro	3.305.000,00 €
DIC de Leiria	20.230.000,00 €
DIC de Braga	2.830.421,66 €
DIC de Setúbal	45.523.212,00 €
TOTAL	663.318.482,72 €

Prejuízos patrimoniais ao Estado detectados em processos no ano de 2004

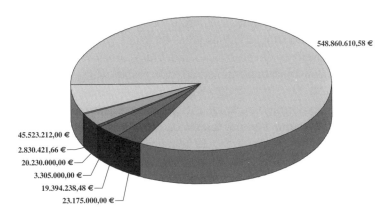

TOTAL: 663.318.482,72 €

Fonte: DCICCEF (Polícia Judiciária)

A análise do gráfico permite inequivocamente concluir pela relevância económica das investigações criminais.

Ao falarmos de quase 700 milhões de euros de prejuízos já contabilizados decorrentes de fraudes ao Estado estamos desde logo a identificar apenas uma parcela do total em causa.

Importa referir que os valores determinados abrangem cerca de 50% do total de inquéritos em investigação respeitantes a crimes fiscais.

Importará referir que também alguns valores em causa podem ser ultrapassados com o decorrer das investigações.

Uma outra dimensão que importa identificar reside na complexidade da investigação criminal, nomeadamente nos obstáculos que permanentemente surgem nesta área e que não permitem, por vezes, uma celeridade desejável no decurso do inquérito.

À especial complexidade de grande parte dos inquéritos a que já se aludiu importa acrescentar um conjunto de factores objectivos que necessariamente se entrecruzam na investigação e que a tornam indiscutivelmente complexa e morosa.

Desde logo a utilização massiva de sociedades «off shores» por parte de quem pratica este tipo de crimes.

Por outro lado, neste domínio para além de depararmos com situações transnacionais, que só por si dificultam a investigação criminal, enfrenta-se um meio envolvente propositadamente opaco e complexo, onde circulam empresas e entidades mutantes, para não dizer fantasmas, sempre conexionadas entre si.

O que acarreta um grau acrescido de dificuldade de investigação nesta área.

Daí que a actualidade e a monitorização permanente de dados necessária a qualquer investigação seja uma vertente fundamental.

A investigação «on line», ou seja efectuada quando os factos estão a ocorrer é um dos princípios fundamentais para concretizar uma eficaz investigação.

IV. Que futuro para a investigação?

Algumas opiniões que não devem ser desprezadas, falam a propósito do sistema fiscal português de «um sistema concebido para um tempo que passou».

Independentemente das opções de natureza política a fazer sobre a validade do modelo hoje vigente em Portugal no que respeita à investigação criminal no domínio da criminalidade fiscal uma primeira nota deve ser salientada.

A alteração permanente de modelos de investigação criminal no sistema fiscal é motivo de grande ineficácia.

O modelo actual que vem sendo demonstrado, desenvolve-se há menos de dois anos. A estabilização do sistema de investigação permite que se definam projectos, configurem estratégias e sobretudo motivem as pessoas que dentro do sistema possam dele retirar todas as suas potencialidades.

Não entendemos por isso ser grande a utilidade, neste momento ou mesmo num futuro próximo, de uma nova alteração de paradigma onde fosse outro órgão de polícia criminal a ter as competências de investigação nesta restrita área, hoje atribuídas à PJ.

Não porque não tivessem a capacidade de a puder fazer.

Mas porque também aqui para que um modelo funcione torna-se necessário que seja posto à prova.

E o tempo probatório deste modelo não decorreu, ainda.

O investimento efectuado pela PJ quer a nível de estruturas, quer a nível de recursos humanos, quer a nível de formação profissional, que ainda não está concluído, já permitiu no entanto alguns resultados.

A relevância económico-financeira que a faixa criminal tributária da competência da Policia Judiciária assume, obriga a enfatizar a perspectiva «eficácia» em todas as investigações.

Criar condições legais no âmbito do procedimento que permitam aceder rapidamente – em tempo real – aos «nichos» onde se acolhem informações fundamentais a uma investigação eficaz é assim absolutamente necessário.

Trata-se de permitir à PJ o acesso e a utilização «on line» de bases de dados fiscais tendo em atenção a rapidez de procedimentos investigatórios.

Também a agilização da cooperação internacional é fundamental para conseguir rapidamente e com resultados aceder a um conjunto de informação que constitui hoje grande parte do fluxo informativo relevante para a concretização da investigação.

Numa outra dimensão é fundamental dar uma nova perspectiva à cassação dos proveitos decorrentes deste tipo de práticas criminais.

Hoje, mais dissuasor da prática deste tipo de crimes do que qualquer pena de prisão é a impossibilidade de permitir vantagens económicas a quem comete os crimes.

A apreensão de bens, de uma forma cautelar mas célere permite ao Estado conseguir que, durante a própria investigação se acautelem desde logo os seus interesses financeiros.

A concentração de meios humanos num órgão de polícia criminal dotado de grande autonomia técnica, é fundamental para a concretização de uma política criminal eficaz nesta área.

Por isso a formação profissional de investigadores criminais, em áreas especificas da tributação e do seu desenvolvimento, é um factor que potencia uma adequada investigação criminal.

No que respeita à coordenação da investigação criminal, uma articulação permanente entre o Ministério Público, a Polícia Judiciária e os organismos de fiscalização da administração fiscal é essencial para uma resposta adequada e temporalmente eficaz.

A mutação permanente das organizações criminosas que actuam neste domínio e a diversidade do «modus operandi» de quem comete os crimes exige essa permanente disponibilidade de coordenação para que, também rapidamente se possam corrigir estratégias.

O que foi ontem uma estratégia de investigação num determinado inquérito, pode não ser válida para uma outra investigação que se inicia hoje.

IV PARTE
QUESTÕES DE DIREITO PENAL

DA MEDIDA DE SEGURANÇA À PENA RELATIVAMENTE INDETERMINADA: ITINERÁRIOS SOBRE PERIGOSIDADE [*]

I. Razão de ser

No começo da idade clássica a loucura era percebida como pertencente às quimeras do mundo; podia viver-se no meio delas e não tinha de ser separada, a não ser quando tomava formas extremas ou perigosas.[144]

As palavras de Foucault não são apenas um intróito circunstancial ou um adorno ao tema que importa discutir.

Ao contrário, trazem em si o cerne da questão da inimputabilidade *versus* perigosidade que sustenta, hoje, um discurso jurídico algo cerrado e muito pouco atraente a quem tem que com ele lidar todos os dias.

Porque afinal crimes graves e personalidades perigosas não revestem um imaginário literário, mas uma realidade e uma frequência com expressividade não só estatística mas sobretudo de representação.

Porque muito do que se passa, hoje, na justiça tem mais a ver com a representação, com a imagem do que é transmitido, e menos com essa realidade estatisticamente correcta, que nos mostra números não muito relevantes, mas que afinal trazem em si incisivas situações que não podem ser omitidas.

Quer o discurso académico, quer a aplicação prática da matéria relacionada com a perigosidade, anda, dir-se-ia inevitavelmente, ligado

---

[*] Texto que corresponde, na sua essência ao relatório apresentado na disciplina de Direito Penal, no âmbito Curso de Mestrado em Ciências Jurídico-Criminais da Faculdade de Direito da Universidade de Coimbra, em 2001.

[144] Michel Foucault, O Poder Psiquiátrico, *Resumo dos Cursos do Collège de France*, Jorge Zahar Editores, 1997, pág. 47.

à questão da inimputabilidade e à consequente aplicação de medidas de segurança.

É, aliás, usual nos tribunais quando se está perante um fenómeno de criminalidade grave, perigosa e mesmo chocante, num primeiro momento – e mesmo em momentos processuais decisivos, como sejam a acusação – suscitar uma avaliação psiquiátrica do agente e, muitas vezes sem outras indicações ou averiguações que não o relatório da perícia médico legal, lançar-se mão do instituto da inimputabilidade e o consequente recurso à aplicação de uma medida de segurança de internamento.

Assim se "evita" tratar penalmente a situação, não avaliando a culpa do agente nos factos em questão, o grau dessa culpa, a aplicação de uma pena e, porventura mais grave, a sua acentuada tendência para o crime, decorrente, grande parte das vezes de um passado criminal não despiciendo.

Por outro lado sossegam-se as consciências ao "remeter" o mesmo cidadão para o domínio do internamento em instituição psiquiátrica, longe dos tribunais, acautelando-se assim a opinião pública, que naturalmente representa ainda os "manicómios" como solução mais grave – e por isso mais adequada – para quem cometeu tão hediondos crimes e muitas vezes repetidamente.

Dir-se-ia que mais cómodo e eficaz não há, não fosse de alguma maneira trágica, a situação que tal solução encerra.

E trágica porque a perigosidade como fenómeno criminal existe e pode ser tratada como tal no sistema penal, em sentido estrito. Ou seja não omitindo desde logo a possibilidade de aplicação de uma pena ao arguido perigoso, como tal declarado, sem se partir de imediato para a solução securitária que sustenta a aplicação de medidas de segurança, maxime medidas de segurança de internamento. E sobretudo porque o sistema de internamento de inimputáveis encontra-se ainda sob um manto de silêncio, que esconde por vezes situações verdadeiramente chocantes[145].

---

[145] Em Junho do ano 2000 foi realizado um trabalho no âmbito da actividade de formação inicial do Centro de Estudos Judiciários, que incluiu uma reportagem videográfica e entrevista a vários cidadãos internados em estabelecimentos psiquiátricos ao abrigo de aplicação de medidas de segurança, por virtude de terem cometido crimes, que expõe com muita clareza algumas dessas situações. Entre outras pode verificar-se a existência de um cidadão sujeito a internamento em estabelecimento psiquiátrico desde 1961 por virtude de ter nessa altura cometido um homicídio. Quarenta anos de internamento.

Itinerários sobre perigosidade é como o próprio *nomen* refere, um caminho. Não um ponto de chegada.

A multiplicidade de questões que a perigosidade suscita a nível doutrinário e judiciário não permite, num trabalho desta natureza, mais do que a indiciação de algumas matérias.

Algumas questões controversas na aplicação de medidas de segurança ao arguido inimputável perigoso é o objecto primeiro da intervenção.

E isto porque, como se referiu, continua a ligar-se a perigosidade à inimputabilidade, sendo que se constatam algumas zonas obscuras no tratamento legal e jurisprudencial do quadro legislativo vigente.

Porque não há na abordagem do tema perigosidade/inimputabilidade uma fronteira nítida e clara entre a imputabilidade e a perigosidade torna-se operativamente necessário tratar diferenciadamente no interior do sistema penal o arguido penalmente imputável e considerado perigoso[146]. Esta a segunda vertente deste itinerário.

Ou seja, uma intercepção ao regime legal aplicável a todos os cidadãos maiores de dezasseis anos, que no momento da prática do facto sejam capazes de avaliar a ilicitude deste ou de se determinar de acordo com essa avaliação – fora dos casos excepcionais de quem seja portador de uma anomalia psíquica grave mas tenha capacidade de avaliação, sensivelmente diminuída – que tendo cometido crimes, revelem uma acentuada inclinação para o crime, mas que nem por isso devam ser declarados inimputáveis[147]. Afinal os delinquentes por tendência.

---

[146] Omite-se deliberadamente no trabalho o tratamento da questão monismo/dualismo no que respeita ao sistema sancionatório vigente em Portugal, sendo certa a opção político criminal (monista) no sentido de se impedir que ao mesmo agente sejam aplicadas, pelo mesmo facto, uma pena e uma medida de segurança privativa de liberdade. Sobre esta matéria é absolutamente claro Figueiredo Dias, in *Direito Penal Português*, pág. 54. Pode também ver-se, numa apreciação mais recente e com alguma curiosidade, Carlota Almeida, *Modelos de Inimputabilidade*, pág. 118. Também esta autora aborda a questão da fluidez da fronteira entre inimputabilidade e a pena relativamente indeterminada, ob. cit. pág. 113.

[147] Metzer, citado por Figueiredo Dias in *Liberdade, Culpa e Direito Penal*, pág. 66, refere serem capazes de culpa ou imputáveis precisamente "o criminoso que, não em virtude de uma anomalia psíquica ou de uma tendência inveterada para o crime consegue ainda avaliar a ilicitude do facto que pratica mas já não determinar-se de acordo com aquela avaliação; como será v.g. o criminoso profissional embotado de sentimentos que, não por anomalia mental, mas pela pobreza de espírito resultante de uma vida indolente e vazia, se tornou incapaz de uma motivação de acordo com a norma".

II. Os números da perigosidade

Não sendo tradicionalmente Portugal um país cuja criminalidade grave – ou mesmo gravíssima – atinja patamares para além do meramente casual, e muito menos alarmantes certo é que situações perigosas – no sentido criminológico, diga-se – existem e a elas importa dar respostas eficazes[148].

Uma primeira advertência, ou antecipando uma primeira conclusão, consiste em sublinhar e acentuar a necessidade de tratar estes fenómenos criminais de uma forma excepcional no domínio das respostas criminológicas. Enveredar, perante situações pontuais e marginais como estas, para respostas legais maximalistas e generalizadas é absolutamente de rejeitar.

Daí a clara rejeição de políticas criminais de "law and order" onde a resposta do "mais crime mais pena" ou mesmo "tolerância zero"[149] a torto

---

[148] Inexistindo estudos criminológicos expressamente orientados para a questão da perigosidade criminológica, a abordagem que é efectuada tem na sua essência números referentes a realidades diversas (que se encontram disponíveis) sobre dados que permitem demonstrar algumas das afirmações produzidas. Entre 1985-1986 é absolutamente fundamental o estudo de Eduardo Viegas Ferreira, *Crime e Insegurança em Portugal. Padrões e Tendências*, Oeiras, 1998, sendo certo que é claro o autor quando refere a pág. 126 que "os níveis de violência existentes na sociedade portuguesa continuam a ser, de acordo com os elementos obtidos, muito semelhantes aos que caracterizam toda a década de 80". Para um entendimento mais recente do que será índice de uma criminalidade objectivamente considerada grave – até por via do bem jurídico protegido – levamos em consideração o número de homicídios cometidos. Em 1998 foram cometidos em Portugal 308 homicídios – sendo a taxa, por milhão de habitantes de 30.84. Na Holanda, por exemplo no mesmo período foram cometidos 1701, o que constitui uma taxa de 106.45, por milhão de habitantes – cfr. Estatísticas da Polícia Judiciária, citadas in jornal "Público" de 18.01.2001. Por outro lado em 1998, a Criminalidade violenta – para efeito das estatísticas policiais – que engloba crimes como homicídio doloso, envenenamento, infanticídio, ofensas à integridade física voluntárias graves, subtracção de menores, rapto, sequestro e tomada de reféns, violação, tráfico de pessoas, crimes contra a vida e a liberdade, crimes com o emprego de explosivos, crimes com o emprego de substâncias tóxicas, pirataria aérea, terrorismo e roubo – ocupou uma taxa de 8,9% no total da criminalidade participada na Polícia Judiciária – cfr. Relatório de actividades da PJ, *Sub Judice*, n.º 13, pág. 95. Uma curiosa análise sobre a criminalidade nas cidades portuguesas é feita por José Mendes, *Onde viver em Portugal, Uma análise da Qualidade de Vida nas Capitais de Distrito*, Lisboa, 1999, sendo que é uma conclusão do autor, a pág. 49, de que "Portugal e as suas áreas urbanas não são de forma alguma território violento".

[149] Uma crítica profunda às políticas penais de "tolerância zero" pode ver-se em Bernardo Romero Vásquez, "Las estrategias de seguridad pública en los regímenes de

e a direito nas respostas policiais e judiciais a todas as formas de criminalidade que, partindo do sistema judiciário norte americano, vêm ganhando terreno em alguns sectores políticos na Europa.

É preciso separar o "trigo do joio" e responder legal e judicialmente em função dessa resposta.

Aqui, como noutros momentos, como na abolição da pena de morte há mais de um século, não há que temer a rejeição clara e inequívoca de modas sustentadas quer em modelos sociais e culturais que pouco nos dizem, como sobretudo atentar nas consequências e resultados que esses modelos implicam nas próprias culturas.

Pode sem grandes hesitações sublinhar-se, porque absolutamente inequívoco, o falhanço da política criminal dos EE UU, como modelo, face aos países da União Europeia[150].

Bastaria um olhar pelo número de reclusos em cumprimento de pena para que, existissem essas dúvidas, elas se desvanecessem.

Em 1997 existiam nas prisões dos EE UU 1 785 079 reclusos, ou seja uma taxa de 648 reclusos por 100 000 habitantes.

No mesmo ano em Portugal existiam 14 634 reclusos, ou seja uma taxa de 145 reclusos por 100 000 habitantes.

Na Espanha essa taxa situava-se em 113 reclusos por 100 000 habitantes e por exemplo na Suécia em 59 reclusos por 100 000 habitantes[151].

A clareza dos números no que respeita à comparação entre os "resultados" de uma política criminal maximalista nos EU e na Europa não deixa dúvidas sobre a desvantagem de tal modelo policial e judicial.

Não pode deixar de assustar e alertar no que diz respeito à situação de Portugal e do nosso sistema no quadro judiciário europeu – a mais alta taxa de encarceramento por 100 000 habitantes.

---

excepcion; el caso de la política de tolerancia zero", *Revista Brasileira de Ciências Criminais*, ano 8.º n.º 29, pág. 85 e ainda em Loic Wacquant, *As Prisões da Miséria*, Celta, Oeiras, 2000, págs. 18 e ss.

[150] Sobre as causas das grandes taxas de criminalidade violenta nos Estados Unidos é interessante a explicação de Anthony Giddens, Desvio e Criminalidade, *Sub Judice*, n.º 13, pág. 17.

[151] As estatísticas sobre detenções nos países da União Europeia e nos Estados Unidos podem ver-se em Loic Wacquant, *As prisões da Miséria*, pág. 76. Idêntica estatística e seu tratamento pode ver-se em European Data Base on Judicial Systems, *Working Papers*, Istituto di Ricerca sui Sistemi Giudiziari, Bologna, 2000.

Não sendo objectivo deste trabalho atentar nessa realidade, a sua omissão poderia no entanto ocultar e modificar a interpretação do resultado do trabalho.

É nesta realidade que nos movemos e é sobre ela que faremos as nossas constatações.

E é assim porque dos 14 634 reclusos existentes nas cadeias portuguesas em 1997 apenas 48 cumpriam uma pena relativamente indeterminada[152] sendo de 273 o número de cidadãos reclusos a cumprir medidas de segurança de internamento.

Em 1998[153] o número dos condenados em pena relativamente indeterminada era de 54, e o número de reclusos a cumprir medidas de segurança era de 282. Ou seja constatou-se uma taxa global de reclusos judicialmente declarados perigosos – imputáveis e inimputáveis – de 2,3%, o que obviamente assume estatisticamente um significado pouco relevante.

Em 1999 o número de reclusos condenados em pena relativamente indeterminada desceu para 53, sendo que num universo de 13093 reclusos existentes a percentagem cifra-se em 0,4%. O número de inimputáveis a cumprirem medidas de segurança no sistema prisional era, em 1999, de 285, ou seja uma taxa de 2,2%.[154]

Aceitando, como critério operativo de "perigosidade" o índice penitenciário sustentado nas medidas de segurança e nas penas relativamente indeterminadas aplicadas pode concluir-se que em 1999 apenas 2,6% dos detidos nas cadeias portuguesas em cumprimento de penas de prisão ou medidas de segurança poderão, à face da lei portuguesa considerar-se, dentro do sistema penal, efectivamente perigosos[155].

---

[152] *Estatísticas da Justiça*, Lisboa, 1998, pág. 253.

[153] Em 1998 encontravam-se encarcerados 14 880 cidadãos, sendo que desses cumpriam pena relativamente indeterminada 54 e 282 estavam a cumprir medidas de segurança. Cfr. *Estatísticas da Justiça*, Lisboa, 1998.

[154] Cfr. *Estatísticas da Justiça*, Lisboa, 1999.

[155] Trata-se, como se referirá infra, apenas de uma constatação legal ou, dir-se-á meramente operativa, de fenómenos de perigosidade e não de uma definição substantiva de "perigosidade".

III. Três questões sobre medidas de segurança

1. A primeira abordagem que nos propusemos fazer tem a ver essencialmente com três questões muito precisas decorrentes do regime legal substantivo relativo às medidas de segurança.

São elas, em primeiro lugar, a questão do limite mínimo das medidas de segurança, ou o que é o mesmo, saber se para além do limite fixado no artigo 91.º n.º 2 do C. Penal, para os casos em que o facto praticado pelo inimputável corresponde a crime contra as pessoas ou a crime de perigo comum punível com pena de prisão superior a 5 anos, o internamento tem a duração mínima de 3 anos, salvo se a libertação se revelar compatível com a defesa da ordem pública e da paz social, deve o juiz que aplica a medida de segurança fixar um limite mínimo àquela.

Em segundo lugar a questão de saber se nos casos em que o tipo de crime imputado ao arguido declarado inimputável tiver, na sua configuração típica elementos relativos à culpa, deverão estes ser levados em consideração, para efeitos da determinação do tempo de internamento, tendo em atenção o disposto no artigo 92.º n.º 2 do CP.

Em terceiro lugar, mas nem por isso menos importante, que juízo sobre perigosidade deve ser efectuado pelo tribunal, quando decide aplicar a medida de segurança de internamento, ou, doutro modo, como determinar a "perigosidade" que sustenta o *"fundado receio de que venha a cometer outros factos da mesma espécie"*.

Vejamos pois cada uma das questões.

2. Relativamente à primeira questão desde logo é inequívoca a fixação legal do limite mínimo da medida de segurança nos casos em que o facto praticado pelo inimputável corresponde a crime contra as pessoas ou a crime de perigo comum punível com pena de prisão superior a 5 anos: o internamento tem a duração mínima de 3 anos.

Sublinhe-se, no entanto, e porque o sublinhado no caso tem a ver com a essência da questão, que a própria lei refere que a duração mínima será cumprida naqueles casos *salvo se a libertação se revelar compatível com a defesa da ordem pública e da paz social.*

Ou seja, a fixação de um limite mínimo da medida de segurança, naquelas situações excepcionais em que o facto praticável corresponde a crime contra as pessoas ou crime de perigo comum punível com pena de prisão superior a 5 anos, poderá não ser executada se o juízo a efectuar sobre a defesa da ordem pública e da paz social for negativo.

Repare-se que estabeleceu claramente a lei que "*o internamento finda quando o tribunal verificar que cessou o estado de perigosidade criminal que lhe deu origem*", conforme se pode ver no artigo 92.º n.º 1 do CP.

Porque é efectivamente o juízo de perigosidade que afinal sustenta a necessidade de aplicar a medida de segurança.

Sendo o fundamento da medida de segurança única e simplesmente a necessidade de, em concreto aplicar a um cidadão declarado perigoso por virtude da anomalia psíquica e da gravidade do facto uma medida de internamento, ela cessa logo que esse fundamento deixe de verificar-se. E esse fundamento pode verificar-se, dir-se-á, no "dia seguinte" ao do decretamento da medida. Não faz por isso nenhum sentido fixar um limite mínimo à moldura da medida de segurança. Mesmo a situação estabelecida no n.º 2 do artigo 91.º, fundando-se segundo o legislador, em razões de prevenção geral, ou nas palavras de Figueiredo Dias[156], em "*exigências mínimas de processo geral de integração, que também elas justificam, em certos casos de forma autónoma, a aplicação e o cumprimento de uma medida de segurança*", não é doutrinalmente pacifica na sua sustentação teórica[157].

A situação excepcional estabelecida no artigo 91.º n.º 2 está estabelecida apenas e só para aqueles casos e não pode ser interpretada analógica ou extensivamente para outros.

É esse aliás o sentido da mais recente jurisprudência do Supremo Tribunal de Justiça[158] que ao longo dos anos tem tomado decisões, nesta

---

[156] Dias, Jorge Figueiredo, *Direito Penal Português*, 1993, pág. 475.

[157] Criticando a opção legislativa que consagrou o n.º 2 do artigo 91.º,"no sentido de a finalidade preventivo-especial do internamento de inimputável estar limitada pela defesa da ordem jurídica e da paz social", Maria João Antunes in "Alterações ao sistema sancionatório as medidas de segurança", *Revista Portuguesa de Ciência Criminal*, Ano 8.º fascículo 1.º, pág. 59. Críticas também à posição adoptada no âmbito do processo legislativo podem ver-se, em síntese, em Carlota Pizarro Almeida, *Modelos de Inimputabilidade*, Almedina, 2000, págs. 35 e 121.

[158] "Na decisão que mandar internar em estabelecimento de cura, tratamento ou segurança, o inimputável que cometeu crime contra as pessoas punível com pena de prisão superior a 5 anos, o juiz apenas pode fixar o tempo de duração desse internamento entre o mínimo de três anos e o máximo da pena correspondente ao tipo de crime cometido" – Acórdão do STJ de 12.4.2000, *Colectânea de Jurisprudência*, 2000. Tomo II, pág. 172.

matéria contraditórias e nem sempre fundadas em princípios respeitantes unicamente à *ratio* e natureza das medidas de segurança.

Em conclusão não há que fixar, fora dos casos especificamente referidos no artigo 91.° n.° 2, qualquer limite mínimo à medida de segurança decretada, sendo sempre o tribunal que acompanha a execução da medida que terá, avaliados os pressupostos da situação, de verificar o estado de perigosidade e fazer cessar a medida.

3. Relativamente à segunda questão, ou seja nos casos em que o tipo de crime imputado ao arguido declarado inimputável tiver, na sua configuração típica elementos relativos à culpa, deverão estes ser levados em consideração, para efeitos da determinação do tempo de internamento, tendo em atenção o disposto no artigo 92.° n.° 2 do Código Penal, a inequívoca resposta negativa à pergunta é tabular.

Ou seja não pode o tribunal apreciar critérios relativos à culpa, na análise do tipo de crime, para averiguar da aplicabilidade da medida de segurança.

Sendo inimputável aquele que por força de uma anomalia psíquica for incapaz, no momento da prática do facto, de avaliar a ilicitude deste ou de se determinar de acordo com essa avaliação, é absolutamente claro que a inimputabilidade, quando declarada, impõe como consequência, a total ausência de apreciação dos critérios da culpa – e desta, naturalmente.

Não pode por isso subscrever-se a qualquer título a posição que vem sendo adoptada por alguma jurisprudência no sentido de ver para a aplicação do artigo 91.° n.° 2 a *"prática de um facto ilícito típico, ou seja o facto em si mesmo, na sua globalidade, integrado com toda a sua formal ilicitude, e deste modo ligado à ideia de uma culpabilidade formal, ideia conexionada essencial e vivencialmente com o tipo legal de crime que realmente é e se apresenta, até para se aferir melhor da perigosidade futura relativamente ao agente"* – ver acórdãos do STJ de 19.10.94, processo n.° 47175 e Acórdão do STJ de 20.1.1998, *Colectânea de Jurisprudência*, 1998 T I pág. 167.[159]

É absolutamente claro que a inimputabilidade, quando declarada, impõe, como consequência a total ausência de apreciação dos critérios da culpa – e desta, naturalmente.

---

[159] Em sentido contrário ver o Acórdão do STJ de 12.14.2000, *Colectânea de Jurisprudência-STJ* T 2, pág. 174 (já citado a propósito da questão anterior).

Ou há imputabilidade, e então há culpa, ou não há e nesse caso não pode o julgador, na apreciação do facto ilícito típico ocorrido e praticado atender a quaisquer elementos da culpa do agente – arguido – que o praticou.

O juízo a fazer e imposto pelo artigo 91.º n.º 2 reside unicamente no critério do tipo de ilícito cometido, sem qualquer referência à culpa e é sobre ele que importa por isso trabalhar.

4. A terceira questão em apreciação sustenta-se na densificação do juízo sobre a perigosidade que deve ser efectuado pelo tribunal, quando decide aplicar a medida de segurança de internamento.

Ou seja, como determinar a "perigosidade" que sustenta o "fundado receio de que venha a cometer outros factos da mesma espécie".

É um facto que grande parte – se não todos – os relatórios médicos efectuados que apreciam a situação pessoal em causa num qualquer processo, quando avaliam a personalidade, identificando clinicamente a situação do cidadão/doente, depois de referirem e declararem a inimputabilidade do mesmo não omitem a declaração da perigosidade – ou não – do mesmo.

É absolutamente inequívoco que o juízo cientifico que sustenta a avaliação clínica do doente mental que praticou crimes "presume-se subtraído à livre apreciação do julgador", conforme se refere claramente no artigo 163.º do Código de Processo Penal.

Ou seja sempre que a convicção do julgador divergir do juízo contido no parecer dos peritos, deve aquele fundamentar a sua divergência.

É também claro que a lei refere que *"para efeito de avaliação da personalidade e da perigosidade do arguido pode haver lugar a perícia sobre as suas características psíquicas independentes de causas patológicas, bem como sobre o seu grau de socialização"* – artigo 160.º do Código de Processo Penal.

E podem os peritos requerer informações sobre os antecedentes criminais do arguido, se delas tiverem necessidade – n.º 4 do mesmo artigo.

Se não suscita dúvidas o valor processual do juízo clínico sobre a personalidade do arguido, e mesmo sobre o valor da sua perigosidade para efeitos clínicos, devendo e podendo apenas ser posto em causa por juízo cientifico de idêntico valor – para o qual o juiz, se o entender pode suscitar nova perícia a outro perito ou esclarecimentos aos peritos – o juízo valorativo da perigosidade que sustenta a aplicação de uma medida de segurança, referido no artigo 91 n.º 1 – *houver fundado receio de que venha a cometer outros factos da mesma espécie* – temo-lo como um *plus*, em relação à patologia clínica detectada e apurada pelo juízo médico.

Ou seja deverá ser efectuada prova sobre esse "perigo de cometimento de outros factos da mesma espécie" que sustenta o juízo normativo de perigosidade.

Sendo factos sobre os quais incidirá um juízo de prognose[160] que importa apurar, que radicam já na patologia clínica detectada e a ela não podem fugir, são, no entanto, tais factos autónomos dessa patologia.[161]

É absolutamente claro que os referentes normativos traduzidos nos conceitos de inimputabilidade e perigosidade são da competência do jurista.

Clara é também a natureza e o juízo absolutamente clínico que sustenta a identificação de uma anomalia psíquica.

Não pode por isso deixar de se salientar a necessidade de ser, por um lado efectuada prova de factos conducentes ao perigo de cometimento de outros factos da mesma espécie e de em função dessa prova – que afinal constitui a perigosidade – aplicar ou não a medida de segurança[162].

Não parece ser essa a perspectiva de Cristina Monteiro que claramente assume "*a certeza da potencialidade criminosa que a anomalia psíquica daquele agente* – que cometeu o facto ilícito – *encerra*"[163].

A referida Autora é clara quando refere "*a partir do momento em que, com o auxílio do perito, se mostrou existir no sujeito uma anomalia psíquica determinante da prática daquele ilícito, há a certeza da sua perigosidade – de que já foi perigoso. Dúvidas poderão apenas subsistir*

---

[160] A prognose, no sentido criminal tem como referente a possibilidade de se realizar um prognóstico de comportamento futuro de uma pessoa em relação à sua conduta delitiva – Wolf Middendorff, Die Kriminologische Prognose in Theorie und Praxis, 1967, traduzido para castelhano por José Maria Rodriguez Devesa, 1970, apud, Aguilera, Abel Téllez, *Dicionário de Ciências Penais*, Edisofer, Madrid, 2000, pág. 406.

[161] Sobre os limites que um enfoque sobre o recurso às tábuas de prognose como "elemento auxiliar, numa base de probabilidade à decisão, não se substituindo nunca ao autêntico acto jurisdicional, nem prejudicando os seus critérios axiológicos fundamentais", Figueiredo Dias e Costa Andrade, *Criminologia*, Coimbra Editora, pág. 149.

[162] Cristina Monteiro, *Perigosidade de inimputáveis e in dubio pro reo*, Coimbra, 1997, pág. 101, no mesmo sentido e para configurar a afirmação, da independência do juízo clínico do juízo judicial, dá o exemplo de "a perícia concluir tão só pela séria probabilidade de o arguido vir a atentar sistematicamente contra a sua própria vida", sendo que "a decisão do tribunal sobre a perigosidade criminal do agente há-de ser negativa".

[163] Cristina Monteiro, ob. cit. pág. 122.

quanto à persistência desse estado de perigosidade à data (logicamente posterior) do julgamento".

E é nessa prova da *persistência da anomalia*, se bem que balizada por limites objectivos e normativos, que a referida autora vai encontrar a *ratio* da prova da perigosidade.

À dúvida sobre a sustentabilidade psiquiátrica da afirmação, acrescentamos não ser de todo esse o entendimento que sustenta o normativo estabelecido no artigo 91.º do C. Penal. Se a persistência da anomalia psíquica não pode deixar de ser um dos fundamentos onde ancorar um juízo de perigosidade, não é nem pode ser apenas e só essa persistência da anomalia psíquica indiciadora da perigosidade.

A dificuldade que constitui a determinação e prova do que é afinal a perigosidade é já outra questão. Fica no entanto a certeza da necessidade de autonomia da prova da perigosidade em relação à existência de anomalia psíquica, clinicamente determinada, no arguido inimputável, em função da necessidade de aplicar uma medida de segurança, por um lado e, por outro a recusa liminar de sustentar o juízo de perigosidade apenas e só na evidência da anomalia psíquica e na prática do facto ilícito.

IV. Perigosidade versus imputabilidade

Se concretizar o que constitui a perigosidade para efeitos de aplicação de medida de segurança suscita questões tão complexas como as referidas, importa salientar que falamos também de perigosidade quando se fala de aplicação da pena relativamente indeterminada.

Há efectivamente um conjunto de situações criminológicas onde a perigosidade dos agentes pode ser identificada. Situações que pese embora o grau de perigosidade que encerram serem, dir-se-ia, insustentáveis, são passíveis de obter respostas jurisdicionais penais adequadas no sistema penal actual, *stricto sensu*, porque passíveis de um juízo de censura culposa.

Torna-se obviamente difícil identificar exaustivamente esse conceito de perigosidade[164].

---

[164] Garofalo, Criminologia, 1885, apud Aguilera, Abel Téllez *Dicionário de Ciências Penales*, pág. 382, definia perigosidade como a "quantidade de mal que pode temer-

Entre um homicida e um sequestrador ou entre um violador e um burlão, não será apenas o tipo de crime que praticou que os poderá fazer incluir nessa categoria.

Identificar criminologicamente categorias de sujeitos é preocupação da sociologia criminal e da criminologia.

A operacionalidade desses conceitos, no que respeita ao enquadramento jurídico penal, não podendo ser, a nenhum título, exclusiva é no entanto absolutamente fundamental como meio de interpretar os elementos típico-legais que possibilitam, num segundo momento a aplicação judicial de penas ou medidas de segurança.

Conceitos que se bem que existam no Código Penal, exigem sempre uma densificação que, no que respeita à perigosidade se torna mais difícil de entender por colidir com outras categorias normativas da própria palavra.

A lei penal em momento algum enfatiza qualquer conceito de que possa inequivocamente lançar-se mão, no sentido de apurar, sobre o que é um agente perigoso.

Por isso, mais que identificar conceitos – que não existem tabularmente definidos – há que adequar as situações de facto às normas penais que se lhes deverão aplicar e ao que, afinal, elas querem dizer.

No que respeita aos arguidos declarados inimputáveis nos termos do artigo 20.º do CP, para que se lhes possa aplicar uma medida de segurança de internamento, a lei exige ao juiz a realização de um juízo de prognose, assente no *"fundado receio de que – o arguido – venha a cometer outros factos da mesma espécie"*, conforme se refere no artigo 91.º n.º 1 do CP.

Efectuado este juízo, que como se referiu supra não é propriamente inequívoco e linear, mas sempre sujeito aos mecanismos probatórios que qualquer juízo em que se funde uma decisão impõe, o estado de inimputabilidade tem a montante uma situação biopsicológica já identificada e

---

-se por parte de um indivíduo". Sobre a própria "perigosidade" do conceito do que é perigoso, partilhamos inteiramente as perplexidade e críticas efectuadas por Carlota Pizarro Almeida, ob. cit. pág. 115, quando refere "ou reformulamos a lei, por forma a evitá-lo, ou mantendo-se como requisito de certo tipo de sanções, deveria pelo menos ser sujeito a sérias reservas, que limitassem a total indefinição com que, actualmente, se apresenta no Código Penal". Uma perspectiva sobre a evolução criminológica do conceito pode ver-se em Rocha, João Moraes, *Perigosidade, Pena e Reinserção Social*, Lisboa, 2001, não publicado.

catalogada, devendo por isso e verificados os restantes requisitos, aplicar-se a medida de segurança.

No que respeita à situação da perigosidade não sustentada em nenhuma circunstância biopsicológica absolutamente definida há que lançar mão de outros e porventura mais difíceis elementos.

E é em normas penais, nomeadamente às relacionadas com a PRI, concretamente a um e dos seus requisitos substantivos, que afinal se encontra um dos momentos chave para determinar essa necessidade. Nesse sentido é absolutamente fundamental entender o conceito de *"Delinquentes por tendência"*, ou o que porventura será o mesmo, *"a personalidade do agente que revela uma inclinação para o crime"*[165].

Repare-se que, por exemplo, a reincidência[166], como circunstância qualificativa, não nos dá qualquer pista, para além da prática reiterada de crimes dolosos e a sua condenação em pena de prisão efectiva superior a 6 meses por crime doloso – e depois da reforma do Código Penal de 1995, nem sequer se exige que tenha cumprido essa pena de prisão efectiva – e a circunstância de essa pena não ter servido de suficiente advertência contra o crime.

Por outro lado das circunstâncias que não fazem parte do tipo de crime e que configuram os elementos normativos em que se funda a determinação concreta da pena – a que se alude no artigo 71.° n.° 2 – podem retirar-se indícios no sentido de possibilitar a densificação do conceito.

É o caso, por exemplo, da *"falta de preparação para manter uma conduta licita, manifestada no facto"*, ou mesmo os *"sentimentos manifestados no cometimento do crime e os fins que o determinaram"*, referidos nas alíneas f) e c) do artigo 71.° n.° 2, respectivamente.

Trata-se no entanto de meros indícios, que, neste propósito de densificar o conceito de perigosidade, não valem mais do que isso – até porque, não fosse assim poderia suscitar-se a questão do *ne bis in idem*, ou seja uma dupla valoração de circunstâncias, o que não pode a título algum ser admissível.

---

[165] Sobre a personalidade criminal e as diferentes perspectivas que ao longo da história da criminologia tal conceito vem assumindo, pode ver-se Maurice Cusson, *Criminologie Actuelle*, Puf, Paris, 1998, págs. 85 e seguintes.

[166] Absolutamente fundamental para a delimitação do conceito de reincidência e bem assim o que "lhe não é essencial", nomeadamente a perigosidade do delinquente, ver Eduardo Correia, *Direito Criminal, II*, reimpressão, Coimbra, 1971, pág. 163.

Temos por isso por certo, como antecipação de conclusão, a inexistência de conceitos operativos de perigosidade, por um lado, e a necessária busca fragmentária de incisos normativos que possam concretizar tal conceito, maxime nos requisitos substantivos da PRI.

V. Pena relativamente indeterminada

Mas, afinal, é legítimo perguntar por respostas penais existentes no sistema jurídico penal português para o tratamento da perigosidade criminal, que não passem pela aplicação de uma medida de segurança?

Ou seja e mais pragmaticamente, o que fazer a um cidadão imputável que tenha praticado crimes e que seja considerado perigoso?

Não podendo distanciar-nos, como se referiu, do quadro normativo que sustenta a determinação dos crimes e a aplicação das penas, e da opção monista[167] estabelecida na lei Penal é no Código Penal que devemos lançar mão desde logo na averiguação da "perigosidade".

Num primeiro momento, definida a imputabilidade[168] do arguido, ou, ao contrário, afastada a inimputabilidade da sua personalidade, em relação ao caso concreto, é na averiguação da sua personalidade e dos factos em que se viu envolvido que importa imergir.

Afastada a aplicação de uma medida de segurança é na possibilidade de aplicação de uma pena relativamente indeterminada[169] que importa por isso ancorar.

Instituto híbrido, na sua sustentação doutrinária, é clara e inequívoca a sua *ratio*, à face do ordenamento jurídico português, no sentido de ser a resposta às situações onde a *maior culpa (do facto) do agente, legitima a necessidade de aplicação de uma pena pesada.*[170]

---

[167] Ver sobre o modelo o que é dito em nota n.º 3.

[168] Sobre os modelos de imputabilidade e inimputabilidade que sustentam o actual Código Penal, ver Maria Fernanda Palma, Desenvolvimento da pessoa e imputabilidade, *Sub Judice* n.º 11, pág. 61.

[169] Sobre o instituto, Figueiredo Dias, *Direito Penal Português – As Consequência Jurídicas do Crime*, Editorial Notícias, 1993, págs. 555 e seguintes e Anabela Rodrigues, O Sistema punitivo Português, *Sub Judice* n.º 11, pág. 39. A pena relativamente indeterminada, *Jornadas de Direito Criminal*, CEJ, 1983, pág. 285.

[170] Figueiredo Dias, ob. cit. pág. 559.

Importa atentar no enquadramento normativo do artigo, maxime nos seus requisitos:

Quem praticar crime doloso a que devesse aplicar-se concretamente prisão efectiva por mais de dois anos e tiver cometido anteriormente dois ou mais crimes dolosos, a cada um dos quais tenha sido aplicada prisão efectiva também por mais de dois anos, é punido com uma pena relativamente indeterminada sempre que a avaliação conjunta dos factos praticados e da personalidade do agente revelar uma acentuada inclinação para o crime, que no momento da condenação ainda persista – artigo 83.° n.° 1.

Desde logo, no que respeita ao primeiro requisito formal de possibilidade de aplicação da pena há que determinar se se bastam como requisitos o cometimento de crimes a que tenham sido aplicadas penas de prisão efectiva por mais de 2 anos ou será necessário, mais restritamente, que esses crimes cometidos tenham sido objecto de condenação com trânsito em julgado.[171]

O sentido da resposta a tal questão encerra em si desde logo a possibilidade ou não de aplicar a pena a situações de concurso.

No que respeita ao segundo requisito importa questionar a possibilidade de a pena poder ser aplicada independentemente da imputação na acusação ou na pronúncia da situação que, materialmente, possibilita a sua aplicação. Ou seja e utilizando o mesmo raciocínio que encerra em si a possibilidade de aplicar as consequências da reincidência, saber se será necessário conter a acusação ou a pronúncia todos os factos – e também a sua qualificação jurídica – que levem à necessidade de aplicar a pena relativamente indeterminada.

A compreensibilidade destas duas questões poderá sem dúvida possibilitar uma melhor compreensibilidade do instituto da PRI e *pour cause* tornar esta pena um meio adequado e utilizado como resposta a alguma criminalidade que até agora, se assim se pode dizer, não encontrou ainda o "caminho das penas" criminais no sistema jurídico que temos, antes seguindo, muitas vezes, no trilho do internamento securitário.

---

[171] Respostas divergentes a esta questão são dadas por Maia Gonçalves e Figueiredo Dias, o primeiro sustentando a exigência de condenações anteriores transitadas em julgado e o segundo defendendo o mero cometimento dos crimes – ver Maia Gonçalves, *Código Penal Anotado*, 8.ª edição, 1995, pág. 386 e Figueiredo Dias, *Direito Penal Português*, pág. 566.

VI. Duas questões sobre a pena relativamente indeterminada

Identificar penalmente um arguido perigoso, para efeitos de aplicação de uma pena relativamente indeterminada, passa fundamentalmente por entender o que é um agente que *revela uma acentuada inclinação para o crime*[172].

E se esse é o ponto de partida, é absolutamente inequívoco que essa acentuada inclinação para o crime, não sendo meramente subjectiva tem que persistir, ainda, no momento da condenação.

A inventariação de modelos caracterizadores de perigosidade, circulando numa esfera que parte dum ponto de vista subjectivo – onde se releva essencialmente a personalidade do agente do facto ilícito – até a um ponto de vista puramente estritamente objectivo, onde se releva o facto ilícito, dir-se-ia, mais do que o seu agente, sustenta opiniões e teorias absolutamente divergentes.

Parece no entanto pacífico, hoje, a ideia de que há criminosos perigosos e outros que o não são.[173]

Será por isso noutra vertente que importa buscar a *ratio* do conceito de perigosidade.

E este, que não pode alhear-se de todo do pensamento humanista que funda o direito penal, por um lado, e por outro da própria razão de ser da intervenção do direito penal – *ultima ratio* – não pode deixar de buscar-se afinal numa doutrina probabilista assente no facto ilícito praticado e nas sua repercussão.

Ou seja, e utilizando as palavras de Cristina Monteiro, "o conceito de perigosidade tem como conteúdo normativo a probabilidade de que o autor de um facto-crime repita a sua conduta típica e ilícita"[174].

6.1. Como se referiu é questão passível de solução divergente a possibilidade de aplicação da pena relativamente indeterminada nos casos de concurso de crimes. Ou o que é o mesmo poderemos aplicar a PRI quando tenham sido cometidos anteriormente dois ou mais crimes dolo-

---

[172] Sobre os vários modelos de perigosidade, embora orientados para a determinação da medida de segurança pode ver-se, Monteiro, Cristina Líbano, *Perigosidade de inimputáveis e "in dubio pro reo"*, Coimbra, 1997, pág. 86.

[173] Neste sentido Cristina Monteiro, ob. cit. pág. 90.

[174] Ibidem, pág. 90.

sos a cada um dos quais tenha sido ou seja aplicada prisão efectiva por mais de dois anos?

Ou será necessário que esses crimes cometidos tenham sido objecto de condenação com trânsito em julgado?

Sendo a *ratio* de aplicação da PRI a acentuada inclinação para o crime, ou seja, a perigosidade do agente imputável, sendo que esta perigosidade deve buscar-se na acentuada inclinação para o crime demonstrada nos factos anteriores – mas também na personalidade do arguido – não se torna, no nosso entendimento necessário que a decisão – condenação – referente ao cometimento de crimes, tenha necessariamente que ter transitado em julgado.

Importa antes de mais constatar que a PRI é uma pena. E é uma pena que, para ser aplicada, obedece a um critério de escolha fundado nos artigos 40.º e 70.º do Código Penal, critério esse que não é arbitrariamente efectuado pelo juiz.

Critério utilizado e fundamentado em função das circunstâncias do caso e da personalidade do arguido, e sustentado no juízo judiciário de que as finalidades referidas no artigo 40.º do Código Penal só serão adequadamente salvaguardadas com a aplicação ao agente de uma PRI.

Tudo isto sustentado no juízo de perigosidade que terá que ser feito em função dos factos relativos à personalidade do arguido, sempre apreciados em julgamento por um lado e, por outro em função do cometimento dos crimes punidos com pena de prisão efectiva, nos dois anos anteriores.

É este juízo efectuado, dir-se-ia na hora, da escolha e aplicação da pena (necessariamente a audiência de julgamento) e em função da personalidade reveladora até esse momento de uma acentuada inclinação para o crime – *ratio* da PRI – que será adequado à decisão jurisdicional de escolha e aplicação da PRI.

Utilizar o critério estabelecido no Código Penal para a reincidência – sustentado na condenação por decisão transitada em julgado de pena de prisão efectiva superior a 6 meses por crime doloso – é manifestamente não atender à diferente finalidade da PRI e da reincidência.

Uma, a PRI, sustentada na perigosidade do agente. Outra, a reincidência sustentada no desrespeito por uma condenação anterior – "desrespeito pela solene advertência contida nas condenações anteriores".

Não é a PRI apenas um "plus" em relação à reincidência mas sim uma pena dotada de carácter claramente diferenciador que, como tal deve ser considerado.

6.2. Questão mais complexa, mas nem por isso menos aliciante prende-se com a possibilidade de a PRI poder ser aplicada independentemente da imputação na acusação ou na pronúncia da situação que, materialmente, possibilita a sua aplicação. Ou seja e utilizando o mesmo raciocínio que sustenta a possibilidade de aplicar as consequências da reincidência, será necessário conter a acusação ou a pronúncia todos os factos – e também a sua qualificação jurídica – que levem à necessidade de aplicar a pena relativamente indeterminada?

Sendo um juízo de perigosidade sustentado na personalidade do arguido que afinal se encontra na ratio da PRI a factualidade referente à determinação dessa personalidade há-de decorrer da audiência de julgamento e por isso não pode deixar de ser sujeita às regras processuais que sustentam a condenação em juízo. Produção de prova dos factos, *cross examination*, etc., no que respeita a esses factos são assim insusceptíveis de serem contornados no que respeita ao apuramento em julgamento de tais factos. O que impõe que, se forem antecipadamente conhecidos pelo Ministério Público, devam constar na acusação – e naturalmente na pronúncia.

Se não forem conhecidos antecipadamente, e decorrerem tão só do decurso da audiência de julgamento outra não pode ser a solução que não lançar mão do instituto da alteração não substancial dos factos descritos na acusação ou na pronúncia, estabelecido no artigo 358.º n.º 1 do Código de Processo Penal.

Repare-se que não estamos inequivocamente no domínio da alteração substancial de factos, a que se alude no artigo 1.º alínea f) do Código de Processo Penal – e a consequente impossibilidade de serem tomados em consideração, fora do estrito limite do seu artigo 359.º.

O artigo 1.º alínea f) estabelece como segundo critério que consubstancializa uma alteração substancial dos factos, para efeitos de aplicação do Código de Processo Penal, quando *"tiver por efeito a imputação ao arguido de um crime diverso ou a agravação dos limites máximos das sanções aplicáveis"*.

Na questão em apreço não está em causa a imputação ao arguido de um crime diverso.

Trata-se de aplicar-lhe uma pena relativamente indeterminada, fundada em factos decorrentes da sua personalidade e dos factos ilícitos que praticou – *cometeu*, diz a lei – no passado e que levam à aplicação de uma pena não determinada concretamente mas cujo limite mínimo corresponde a dois terços da pena de prisão que concretamente caberiam ao crime cometido e um máximo que corresponde a esta pena acrescida de 6 anos.

A aparente limitação que este normativo parece impor não resiste no entanto à concretização do mecanismo de aplicação da PRI e à possibilidade de ela ser aplicada, desde que verificados os requisitos que lhe subjazem.

Efectivamente, como numa situação de concurso de penas, a PRI vai fundar-se numa pena concreta já determinada pelo tribunal fundada em factos constantes na acusação ou na pronúncia.

A opção pela aplicação de uma PRI, fundada sempre e inequivocamente em crimes cometidos pelo arguido, decorre da apreciação jurisdicional efectuada no momento da condenação – e só neste.

Assim não se trata, nestas circunstâncias de agravar limites máximos de sanções aplicáveis por virtude de um crime imputado, porque essa sanção já foi determinada, tendo presentes os artigos 40.° e 71.° do Código Penal, mas tão só de aplicar uma pena em que se relega para o momento da execução a determinação do *quantum* exacto a cumprir e que inclusivamente pode, durante a sua execução, ser mais baixa do que a que foi previamente fixada – *pena inferior ao correspondente grau de culpa*, na expressão de Anabela Rodrigues.[175]

Situação que, no que corresponde às expectativas do arguido sobre o máximo de pena que pode ser-lhe aplicada, é idêntica à da punição do concurso de crimes, estabelecido no artigo 77.° do Código Penal, e ao modo como tal se processa.

Como se refere cirúrgica e certeiramente na fundamentação do Acórdão da Relação de Lisboa de 28.1.87[176], *"nem se diga que a falta dessa declaração (do arguido como delinquente por tendência) colocará o arguido na situação de ser surpreendido com uma condenação superior ao objecto da acusação, porque tal não é exacto.*

Com efeito, a medida de punição pelo facto delituoso é alterada quando se verifiquem, concretamente os requisitos dos artigos 83.° ou 84.° do C. Penal e mais, quando a perigosidade se mantenha no momento do julgamento, altura em que é aferida, o que manifestamente é um facto

---

[175] Anabela Rodrigues, ob. cit. pág. 294.
[176] Acórdão da Relação de Lisboa de 28.1.87, *Colectânea de Jurisprudência*, 1987 T I, pág. 159.

insusceptível de constar da pronúncia, que só pode abarcar condutas passadas do réu."

Daí a aparência de impedimento que uma leitura menos clara do artigo 1.º alínea f) do Código de Processo Penal pode indiciar.

Não se tratando de agravar limites das sanções decorrentes de um crime pelo qual alguém foi condenado e só por isso, não há por isso impedimento de aplicação da PRI na situação em causa, desde que verificados os restantes requisitos a que se alude no artigo 83.º do Código Penal.

Requisitos que passam pela verificação em audiência dos factos relativos à personalidade do arguido e do seu passado criminal.

Factos que, obviamente terão que conter-se no libelo acusatório se forem conhecidos, e se o não forem quando da proferição da acusação ou pronúncia, podem ser apreciados se se tiverem sido demonstrados em audiência de julgamento, devendo sempre, nesta circunstância, dar-se cumprimento ao artigo 358.º n.º 1 do Código de Processo Penal.

VII. Propostas para um itinerário

Extrair conclusões de tão curto trabalho não é certamente nosso propósito. Propostas para um itinerário, que como qualquer outro, é apenas mais um que pretende levar-nos não tanto a um destino, mas tão só num percurso de descoberta.

1. Reconhecendo o fenómeno da perigosidade criminal, há que colocá-lo, em Portugal, no seu verdadeiro estatuto excepcional, dir-se-ia marginal, no domínio da criminalidade e como consequência na política criminal.
2. Tratar judicialmente o fenómeno da perigosidade criminal não passa necessariamente pela imediata constatação de uma anomalia psíquica do arguido e a consequente aplicação de medida de segurança de internamento. Há no sistema penal, *stricto sensu*, soluções que permitem conhecer e aplicar penas a delinquentes considerados perigosos, nomeadamente a pena relativamente indeterminada (PRI).
3. Não há que fixar, fora dos casos especificamente referidos no artigo 91.º n.º 2 do Código Penal, qualquer limite mínimo à medida de segurança, sendo sempre o tribunal que acompanha a exe-

cução da medida que terá, avaliados os pressupostos da situação, que verificar o estado de perigosidade e fazer cessar a medida.
4. Para efeitos de duração do tempo de internamento, tendo em atenção o disposto no artigo 92.º n.º 2 do Código Penal, não pode o tribunal apreciar critérios relativos à culpa, na análise do tipo de crime que sustenta a aplicação de uma medida de segurança.
5. A persistência da anomalia psíquica não podendo deixar de ser um dos fundamentos onde ancorar um juízo de perigosidade, não é nem pode ser o único critério de aferição e determinação desse juízo.
6. Deve por isso ser efectuada prova de factos conducentes ao perigo de cometimento de outros factos da mesma espécie praticados pelo arguido, sendo em função dessa prova que se deverá ou não aplicar-se a medida de segurança.
7. Sendo a *ratio* de aplicação da PRI a acentuada inclinação para o crime, ou seja, a perigosidade do agente imputável, sendo que esta perigosidade deve ser demonstrada nos factos ilícitos anteriormente praticados, mas também na personalidade do arguido, não se torna necessário que a decisão – condenação – referente ao cometimento de crimes, tenha que ter transitado em julgado.
8. A opção pela aplicação de uma PRI, fundada sempre e inequivocamente em crimes cometidos pelo arguido, decorre da apreciação jurisdicional efectuada no momento da condenação e só neste.
9. Sendo um juízo de perigosidade sustentado na personalidade do arguido que afinal se encontra na ratio da PRI a factualidade referente à determinação dessa personalidade há-de decorrer da audiência de julgamento e por isso não pode deixar de ser sujeita às regras processuais que sustentam a condenação em juízo. Produção de prova dos factos, *cross examination*, no que respeita a esses factos são assim insusceptíveis de serem contornados no que respeita ao apuramento em julgamento de tais factos. O que impõe que, se forem antecipadamente conhecidos pelo Ministério Público, devam constar na acusação – e naturalmente na pronúncia.
10. Se não forem conhecidos antecipadamente e decorrerem tão só do decurso da audiência de julgamento há que lançar mão do instituto da alteração não substancial dos factos descritos na acusação ou na pronúncia, estabelecido no artigo 358.º n.º 1 do Código de Processo Penal.

DAS PENAS E DA SUA APLICAÇÃO: VELHAS QUESTÕES, NOVOS DESAFIOS [*]

I. À discussão teórica sobre o porquê da aplicação das penas nenhuma resposta dogmática será tão certeira como a referida por Cesare Beccaria, em 1766, no seu «Dei Delitti e delle pene»: «O fim, portanto, não é outro senão o de impedir o réu de fazer novos danos aos seus concidadãos e de dissuadir os outros de fazer o mesmo»[177].

A interiorização destas duas ideias chave, impedir a prática de novos crimes seja por quem o cometeu seja por outros, refinadas em normas jurídicas tipificadas nos Códigos Penais ou em doutrinas académicas elaboradíssimas é afinal o objectivo do juiz que aplica diariamente penas. Penas de prisão, de multa ou quaisquer outras.

Fosse fácil a tarefa certamente não se tornavam necessários debates, estudos, teses, anos de experiência.

Trata-se afinal de cumprir uma das vertentes essenciais do legítimo poder de julgar e, porventura, aquele que colide mais frontalmente com os direitos essenciais e fundamentais do cidadão e por isso aquele que mais directamente o «preocupa».

Não é um discurso sobre o catálogo legal das penas e dos mecanismos processuais e legais que obrigam o juiz a aplicá-las – não sendo, por isso tolerável qualquer arbítrio quer na sua escolha quer no seu quantum, sob pena de serem por isso ilegais – que importa efectuar.

Ao «olhar a floresta», através de uma análise do catálogo das penas e a sua aplicação estatística pelos tribunais nos últimos dez anos, tendo em

---

[*] Texto da intervenção efectuada no colóquio sobre a «A reforma do sistema penal» organizado pela Comissão para a Reforma Penal, em Coimbra, em Outubro de 2003.

[177] Cesare Beccaria, *Dos Delitos e das Penas*, Fundação Calouste Gulbenkian, 1998, pág. 85.

atenção os números disponíveis, permite-se a constatação imediata da maciça aplicação das penas de multa e de prisão pelos tribunais portugueses, em relação a outro tipo de penas.

Por outro lado é substancial a diferença entre a taxa de aplicação de pena de multa e a taxa de aplicação da prisão.

A prevalência da aplicação da pena de multa é inequívoca: de 30,6% do conjunto de penas aplicadas em 1995 atinge-se em 2000 a taxa de 71,7%[178].

No âmbito da análise da aplicação das sanções vemos simultaneamente a diminuição da taxa de aplicação da pena de prisão (prisão efectiva e prisão suspensa) de 46,4% em 1990 para 21,9 % em 2000[179].

Importa referir que a taxa de aplicação da pena de prisão efectiva consubstanciava em 1990 27,8% das penas aplicadas, sendo que em 2000 esse valor diminuiu para 9,1%.

Com uma relevância estatística praticamente nula aparecem no entanto as restantes penas estabelecidas no Código Penal, nomeadamente a admoestação (1,4% em 1990 para 1,6% em 2000), a dispensa ou isenção de pena (0,3% em 1990 para 0,4% em 2000) e a prestação de trabalho a favor da comunidade (0% em 1990 para 0,1% em 2000).

Trata-se de números que imediatamente concretizam duas realidades.

Por um lado o facto de a pena de prisão efectiva aplicada nos tribunais portugueses ter acompanhado o discurso dogmático que tem a pena de prisão como *última ratio*, bem como a imposição normativa estabelecida no Código Penal que estabelece a preferência inequívoca pela aplicação das penas não detentivas.

Não pode hoje afirmar-se que os tribunais não entenderam a mensagem ínsita no programa penal estabelecido no Código e que muita doutrina vinha repetidamente afirmando.

A diminuição de quase vinte por cento da taxa de aplicação de prisão efectiva pelos tribunais, em dez anos, é inequívoca e demonstra bem essa atitude jurisdicional.

---

[178] Uma análise estatística profunda sobre a evolução das penas aplicadas em Portugal no último decénio pode ver-se em J. Pedroso/Catarina Trincão/J. P. Dias: *Por Caminho(s) da(s) reforma(s) da Justiça*, Coimbra, 2003, pág. 203.

[179] Fonte dos números citados: Gabinete de Política Legislativa e Planeamento do Ministério da Justiça.

Por outro lado transmitem-nos tais números, afinal, a dura realidade de que o que não se traduz em sanção pecuniária ou em pena de prisão quase não existe.

Ou seja parece evidente que se os tribunais cumpriram a imposição do legislador pela necessidade de aplicar penas não detentivas, outros obstáculos se levantam na concretização dessa intencionalidade.

A finalidade das penas, que concretizando sempre um mal sobre o condenado só podem justificar-se como um bem, pode levar à questão de saber se será apenas e só o mal da prisão e o mal do dinheiro que podem justificar o quadro legal estatístico apresentado.

Por outras palavras, porque não se têm aplicado outras penas e outras sanções que, envolvendo esse mal, justifiquem afinal o necessário bem que qualquer pena tem que envolver?

Porque é afinal tão reduzido o número de penas como a pena de trabalho a favor da comunidade e a dispensa de pena?

Porquê alguns dos males que são absolutamente essenciais à justificação de uma pena só podem ser infligidos através do instituto da suspensão da pena de prisão?

Algumas omissões, alguns equívocos e alguma falta de activismo consubstanciam, porventura, respostas a estas questões.

II. O quadro legal das penas estabelecidas em Portugal não consubstancia, claramente, uma dimensão suficientemente alargada de opções penais que permita uma ampla e diversificada escolha da pena adequada à finalidade da aplicação ao caso concreto.

Assim e desde logo a inexistência no Código Penal de penas principais privativas de direitos, impede que em muitos casos, dir-se-ia a maioria, penas como a inibição de condução, a proibição de deslocação a determinados locais ou a inabilitação para a prática de determinadas profissões sejam imediatamente aplicadas a casos onde só essas medidas se justificam.

Só a capacidade imaginativa e criativa da judicatura pode ultrapassar essa lacuna, através do «jogo» das penas acessórias.

E essa criatividade, existindo e tendo dado mostras da sua eficácia em situações pontuais não atinge a frequência desejável face ao tipo de criminalidade que atravessa o écran político criminal português.

Alguma da inovação que pode surgir, adequando a sanção a aplicar ao caso concreto à finalidade das penas, apenas é possível no actual sistema legal no âmbito da aplicação da pena de suspensão da pena de prisão.

Efectivamente o quadro legal estabelecido nos artigos 51.º e 52.º do Código Penal que admite, de uma forma não taxativa, o conjunto de deveres ou regras de conduta que podem ser impostos ao condenado no âmbito da suspensão da execução da pena é, no actual panorama das penas tipificadas, o único meio que permite ao tribunal concretizar essa diversidade da pena em função do tipo de crime.

Aqui permite-se efectivamente ao juiz, através da escolha imaginativa e criadora de uma sanção tipicamente prevista, adequar a protecção de bens jurídicos com uma efectiva reintegração social do autor do facto ilícito tendo em atenção quer a sua personalidade quer o tipo de crime que cometeu.

Veja-se, a título meramente exemplificativo, o caso de sentença que condenou um cidadão que cometeu crimes rodoviários numa pena de prisão, suspensa na sua execução com a condição de o condenado, num determinado período de tempo, visitar doentes internados em departamentos de ortopedia ou de neurologia em hospitais onde se encontram vítimas de acidentes rodoviários.

Sendo certo que a pena de suspensão da execução da pena é uma pena autónoma da pena de prisão, no processo da determinação e escolha da pena, é inequívoca a sua vinculação à prévia aplicação da pena de prisão.

Será, assim, aparentemente, uma clara distorção à própria justificação da pena.

Ou seja tornando-se sempre, num primeiro momento, obrigatório optar pela pena de prisão não terá afinal razão Faria Costa[180] quando identifica o paradoxo da educação para a liberdade, que é suposto estar ínsito na aplicação de uma pena, através do cerceamento da própria liberdade?

Melhor seria, afinal que um catálogo mais amplo de penas principais alternativas possibilitasse ao juiz a concretização de um outro mal que justifica sempre o bem que deve traduzir-se a pena.

III. A obrigatoriedade legal de substituir penas curtas de prisão por pena de multa ou outra medida não detentiva consubstancia um dos princípios estruturantes do direito penal português.

---

[180] Faria Costa, «Um olhar doloroso sobre o direito penal», in Maria Luisa Portocarrero, coord., *Mal, Símbolo e Justiça*, Faculdade de Letras da Universidade de Coimbra, Coimbra, 2001, pág. 36.

Como se referiu e demonstrou tal princípio foi inequivocamente assumido pela jurisprudência ao longo dos últimos anos.

A questão está no entanto na ausência de penas alternativas efectivamente eficazes que possibilitem a concretização desse princípio de uma forma eficaz.

É certo que a pena de trabalho a favor da comunidade assume-se como alternativa credível a essa escolha.

O panorama estatístico da aplicação da pena tem sido, no entanto, desolador – 0,1% do total das penas aplicadas no ano de 2000.

Esta avaliação estatística, que transmite uma ideia global da aplicação da pena, não transmite, no entanto o que se passa em algumas situações pontuais onde o número de penas de trabalho a favor da comunidade assume, localmente, uma relevância impressiva.[181]

Tais situações pontuais de enorme sucesso da pena de trabalho a favor da comunidade confirmam, no entanto, a crítica à cultura da rotina ou mesmo a alguma acomodação que subjaz a algum exercício da judicatura e que obstaculiza uma mais vasta aplicação da pena em causa.

Desmistifica-se assim, inequivocamente, a crítica ao discurso do rendilhado quadro legal que enquadra a aplicação da pena de trabalho a favor da comunidade, como causa que complicaria a escolha da pena por um lado e, por outro, a trágica e sempre justificadora falta de meios que a ela andam associados.

Não são estes os motivos que, realmente, têm impedido uma mais vasta e desejável aplicação da pena de trabalho a favor da comunidade.

São sim, por um lado, a de algum modo restrita moldura penal abstracta onde pode ser aplicável tal pena que a ser mais ampla permitiria um maior campo de aplicação e, por outro lado o pouco activismo da judicatura para a sua aplicação.

Importa referir que, neste momento de escolha há claramente um momento de «oportunidade» que não sendo completamente aleatório ou destituído de vinculação,[182] deixa uma larga margem de liberdade ao julgador no acto de escolha da pena.

A inversão desta prática certamente que traria outros números e sobretudo outra dimensão mais humana e útil à aplicação concreta da pena.

---

[181] Pode dar-se como exemplo os juízos criminais do Tribunal Judicial de Matosinhos.
[182] Cfr. J. Pedroso, Catarina Trincão, J. P. Dias, *Por Caminho(s)...*, cit. pág. 203.

Mas se ao nível das alternativas às penas principais estabelecidas no ordenamento penal serão estas algumas das questões que causam perplexidade, pode enfrentar-se ou afrontar-se uma outra questão que, mais tarde ou mais cedo, terá necessariamente honras de primeira página.

À diversidade da tipologia criminal do País terá a política criminal que responder de uma forma também ela diversificada com outras e mais arrojadas sanções.

Daí que surjam cada vez mais prementes, para além do catálogo diferenciado de penas, um outro e mais vasto conjunto de penas acessórias.

Assim, à proibição e suspensão do exercício de funções (66.º e 67.º), à proibição de conduzir veículos (69.º) e à expulsão de estrangeiros (Dec. Lei 34/2003 de 25 de Fevereiro), ao conjunto de sanções estabelecidas no âmbito das infracções anti – económicas e contra a saúde pública (Dec. Lei 28/84 de 20 de Janeiro) bem como na lei da criminalidade informática (Lei n.º 109/91 de 17 de Agosto) e ainda à recente e pouco conhecida pena acessória de proibição de contacto com a vítima, estabelecida no artigo 152.º n.º 6 do Código Penal para os arguidos condenados por maus tratos, terão que juntar-se outras e mais diversificadas penas, provavelmente não circunscritas a um só tipo de criminalidade.

Dar-se-á assim resposta adequada e eficaz aos objectivos e finalidades que globalmente se pretendem para a aplicação de penas.

IV. Ainda no domínio de novas formas de encarar as penas ou mesmo o seu cumprimento, de modo a evitar a sempre indesejável e dir-se-ia pouco eficaz pena de prisão, encarar alternativas a esta pena é certamente o caminho a prosseguir.

Neste sentido seria muito útil aproveitar a experiência que tem sido efectuada no âmbito da utilização de meios de vigilância electrónica para a substituição da prisão preventiva, não já apenas e só como alternativa às medidas de coacção mas também como alternativa à pena de prisão, criando um nova pena de substituição.

Tal sistema é aliás adoptado nos Estados Unidos, na Suécia e em França, aqui depois da Lei 97/1159 que expressamente introduziu esta medida como substituição da execução de penas curtas de prisão.[183]

---

[183] Uma apreciação sobre esta medida em França pode ser vista em José Mouraz Lopes, *Garantia Judiciária no Processo Penal*, Coimbra, 2000, pág. 36.

Trata-se de uma possibilidade com enormes vantagens quer para o arguido condenado, que assim evita o cumprimento de uma pena de prisão, quer para o próprio sistema de justiça.

No que a este diz respeito importa referir que razões de economia, por um lado e dificuldades logísticas do sistema por outro, não podem hoje deixar de estar na primeira linha de preocupações de quem tem a responsabilidade da gestão do sistema de justiça.

A pessoa colocada sob vigilância pode evitar a prisão como forma de restrição da sua liberdade, como também pode continuar a exercer a sua actividade profissional, se bem que limitada a certos horários previamente fixados.

Uma outra alternativa, e essa sem grande dificuldade dogmática a sustentá-la, seria a extensão do regime da vigilância electrónica ao regime da liberdade condicional.

A existência deste controlo permitiria clara e inequivocamente que fossem diminuídos drasticamente os períodos estabelecidos no artigo 61.º do Código Penal em que pode ser colocado em liberdade o condenado (actualmente metade ou dois terços da pena, conforme o período da condenação).

Provavelmente, algumas das justas críticas que são efectuadas ao sistema penal português decorrente dos longos períodos de cumprimento de penas dos condenados, e que implicam uma taxa de duração média de prisão absolutamente estontente, no âmbito de países que culturalmente nos são próximos, deixavam de ter qualquer sentido.

V. Uma última questão, ineluctável nos tempos que correm, será o enfrentamento de posições que irão surgir, certamente no seguimento da vaga que tem percorrido alguns países da Europa[184], defendendo como sanção penal a publicação de listas de condenados por crimes cometidos na área dos abusos sexuais ou por maus tratos.

---

[184] Recentemente o presidente da Comunidade Autónoma de Castilla-La Mancha em Espanha veio propor que se publiquem a lista de condenados por maus tratos domésticos. Também nos Estados Unidos se aplicam como estratégia punitiva para determinados crimes e determinados delinquentes, as chamadas *shameful sanctions*, com a finalidade de, envergonhando publicamente o condenado, se tornarem eficazes de um ponto de vista preventivo. Sobre esta matéria, cfr. Juan Luis Pérez Triviño, «Penas y Vergüenza», *Anuario del Derecho penal Y ciencias Penales*, Tomo LIII, 2000, pág. 343.

Trata-se efectivamente de medidas que decorrem de uma mais vasta modificação do entendimento global da criminalidade e da sua repressão onde a prevenção geral, não já positiva de integração, mas claramente de exclusão, assume um papel preponderante.

Pese embora os argumentos economicistas, por um lado e desencorajadores da prática de novos crimes, por outro, que sustentam essas posições, trata-se nesse conjunto de penas, de estabelecer mecanismos vexatórios de exclusão irremediável do condenado da sociedade.

Para além de na sua aplicação violarem claramente o princípio da proporcionalidade, consubstanciam tais práticas um conjunto de medidas absolutamente contrárias à tutela inegociável da princípio fundamental da protecção dignidade humana para todo e qualquer cidadão.

O mal que consubstanciam não supera em nada o bem que aparentemente as justificam.

Não há, por isso outra alternativa que não a rejeição liminar dessa opção, mesmo antes de se tornar hipótese.

VI. «Se de facto a sanção deve ter um futuro sob as formas de reabilitação e perdão, não será necessário que desde o momento da sua aplicação, o condenado se saiba reconhecido como ser racional, ou seja, responsável pelos seus actos?

(...) Enquanto a sanção não tiver sido reconhecida ela mesmo como racional, pelo condenado, não atingiu este último como ser racional».

Estas são palavras de Paul Ricouer.

Será porventura este o desafio mais importante que importa enfrentar.

CORRUPÇÃO: TIPOLOGIAS CRIMINAIS NA REALIDADE PORTUGUESA, À LUZ DA CONVENÇÃO DAS NAÇÕES UNIDAS CONTRA A CORRUPÇÃO *

I. Democracia e corrupção

Passaram 30 anos desde que se iniciou no espaço lusófono uma mudança política fundamental e paradigmática assente no reconhecimento de uma carta de direitos políticos dos vários e diferenciados povos.

Essa aquisição política está hoje estabilizada.

Ninguém, hoje, aceitaria viver num estado ou num regime totalitário que não assente num Estado de Direito.

A esta ideia fundamental de confiança nas estruturas fundamentais do Estado de Direito importa contrapor as várias dimensões que esse mesmo conceito assume.

Não sendo propósito discutir a dimensão social do Estado há que atentar, no entanto, na estrutura jurídico-política do próprio Estado de direito e avaliar a sua concretização ao longo do tempo.

E aqui o que pode constatar-se como preocupação comum a todos os Estados Lusófonos, se bem que em graus e dimensões diferenciadas que acompanham o grau de desenvolvimento de cada país, é a sensibilidade ao problema de «agir correctamente» no exercício das funções públicas.

Ou seja, por outras palavras, não basta consagrar uma carta de direitos fundamentais, um regime eleitoral democrático que possibilite o fun-

---

* Texto que tem por base a intervenção efectuada no II Encontro de Países da Língua Oficial Portuguesa sobre a Ratificação e Implementação das Convenções e Protocolos Adicionais Contra a Criminalidade Organizada e Transnacional, Terrorismo e Corrupção, organizado pela ONU e GRIEC, em Lisboa em Novembro de 2004.

cionamento de estruturas governativas legítimas, a existência de tribunais independentes, enfim um conjunto de mecanismos constitucionais que identifiquem o Estado de Direito.

É, também, preciso que todos aqueles que, depositários de algum poder público, o exerçam de uma forma adequada, correcta e apenas sustentado no interesse público de quem os legitima.

Vale por dizer que importa criar mecanismos que permitam ao Estado e ao cidadão ter um efectivo controlo do exercício das funções públicas ou de carácter público daqueles em quem depositou, através do voto ou da legitimação dada por este, algum poder de gerir a coisa pública.

A criação desse mecanismo passa naturalmente por vários patamares.

Da prevenção à condenação judicial vai, efectivamente um longo caminho que exige mecanismos próprios e diferenciados.

Parece claro que numa última *ratio* essa tutela assenta na tipificação de crimes que protejam esses interesses fundamentais que estão em causa nesta matéria.

Trata-se de interesses que mais não consubstanciam que bens jurídicos fundamentais ao Estado de Direito Democrático. Por isso a sua violação tem que consubstanciar um tipo criminal.

O que está em causa é o conjunto de tipos criminais tão relevante como a corrupção, o peculato, o abuso de autoridade e o tráfico de influências.

A consciencialização destes direitos por parte dos cidadãos exige por isso que os mecanismos de tutela sejam cada vez mais eficazes e sobretudo assumam uma dimensão horizontal, ou seja, sejam iguais para todos.

Não obstante as diferenças entre os vários países, as suas especificidades, os seus particularismos, o certo é que todos os cidadãos, de Timor ao Brasil não podem suportar que as suas administrações públicas ou os seus governos só funcionem quando existam mecanismos ilegais de suborno, peitas ou outros «favores» que permitam fazer funcionar o sistema.

Isto não é hoje minimamente aceitável e compreensível por qualquer cidadão.

Ao legítimo exercício dos cargos públicos o cidadão exige como contrapartida o exercício correctamente efectuado nos termos dos procedimentos legalmente estabelecidos. Exige apenas e afinal que a lei se cumpra.

A corrupção mina os princípios da boa administração, da equidade e da justiça social, falseia a concorrência, entrava o desenvolvimento económico e põe em perigo as instituições democráticas e os fundamentos morais da sociedade.

A corrupção não é um crime específico dos titulares de altos cargos da administração, mas que atinge todos os funcionários da administração num sentido amplo – veja-se aliás o âmbito da noção de funcionário que consta na Convenção das Nações Unidas.

Em termos criminológicos podem constatar-se duas grandes áreas ou vertentes no domínio da corrupção.

Por um lado, ao nível do tipo de "corrupçãozinha" – junto dos funcionários com menos poder decisório e por isso com menos envolvimento público – onde a par da "cunha" e de outros vícios, continua a verificar-se uma aceitação de benefícios – peitas – para «fazer andar» a máquina administrativa.

Importa chamar a atenção de quem com eles trabalha, que só no estrito cumprimento da legalidade é possível o sistema funcionar, sendo por isso inadmissíveis comportamentos deste tipo, constituindo por isso tais situações inequivocamente, crimes de corrupção.

Tem entendido a doutrina, por virtude de um juízo de adequação social, que não configuram ilícitos típicos as ofertas insignificantes ou aquelas que são toleradas ou permitidas pela praxe social.

Por outro lado e de uma forma muito mais gravosa para o equilíbrio económico das sociedades, temos a chamada «grande corrupção», amplamente percepcionada mas muito menos investigada e raramente judiciariamente detectada.

Trata-se de uma actividade que envolve sempre altos cargos públicos que têm na sua disponibilidade o poder de decisão de negócios de elevado valor onde o mecanismo da aceitação de subornos atinge montantes extraordinários.

Do outro lado estão normalmente grandes empresas ou grupos económicos, multinacionais ou mesmo outros Estados – através de departamentos específicos – que pretendem também eles beneficiar dessa actividade.

II. As respostas legais internacionais

A expansão do fenómeno nas sociedades modernas, com a consequente ameaça que traz consigo à concretização de um Estado de direito, tem levado as instâncias internacionais a enfrentar de uma forma rigorosa o fenómeno, nomeadamente numa perspectiva de adequação e igualização dos tipos criminais por um lado e na criação de mecanismos internacionais de controlo da corrupção por outro.

São exemplo da primeira vertente as várias convenções internacionais aprovadas por várias instâncias, que Portugal ou já ratificou ou está em processo de ratificação, nomeadamente a Convenção Penal sobre Corrupção do Conselho da Europa, assinada em Estrasburgo a 30 de Abril de 1999 e a Convenção das Nações Unidas, assinada em Mérida, no México e aprovada pela Assembleia Geral das Nações Unidas, através da Resolução 58/4, em 31 de Outubro de 2003[185].

Portugal aderiu também ao GRECO – Grupo de Estados Contra a Corrupção – que, no âmbito do Conselho da Europa, tem efectuado um trabalho notável na detecção e monitorização do fenómeno, bem como na sua erradicação nos vários Estados (não só Estados do Conselho da Europa, mas também Estados aderentes).

O GRECO efectua periodicamente peritagens aos vários países. Através de peritos independentes elabora relatórios e propõe aos Estados medidas adequadas para enfrentarem o problema.

Aceites essas medidas e comprometendo-se os Estados com a sua implementação o GRECO vigia e fiscaliza a sua implementação no terreno.

Portugal foi já objecto de uma primeira avaliação, tendo sido elaborado um relatório adoptado na Assembleia Geral do GRECO em Julho de 2003.

Desse relatório resultaram um conjunto de recomendações por parte do GRECO ao Estado Português para serem adoptadas ou implementadas que foram objecto de nova avaliação à sua implementação, no decurso de 2005.

Em Julho de 2005 o GRECO adoptou um relatório sobre o grau de implementação e cumprimento dessas recomendações tendo concluído que das 12 recomendações apenas uma e parte de outra não foram cumpridas.[186]

---

[185] Portugal já iniciou o processo de ratificação interna da Convenção das Nações Unidas contra a Corrupção, não estando, ainda concluído. Em 22 de Julho de 2005 apenas 29 países tinham depositado instrumentos de ratificação da Convenção. Recorde-se que a Convenção apenas entra em vigor no nonagésimo dia seguinte ao depósito do trigésimo instrumento de ratificação, aceitação, aprovação ou adesão.

[186] Quer o relatório inicial quer o relatório referente à implementação podem ser consultados na página da Internet do GRECO (www.coe.int).

III. Os tipos criminais de corrupção

A harmonização dos tipos criminais nos vários ordenamentos jurídicos parece um passo essencial para o desenvolvimento das políticas de combate à corrupção.

É esse um dos objectivos fundamentais da realização das convenções internacionais e da sua disponibilidade perante os Estados que as ratificam. Terem instrumentos legislativos eficazes e comuns a todos os Estados que lhes permita resolver os seus próprios problemas.

Porque o fenómeno é comum a todos os países, os instrumentos legais postos à disposição destes têm parâmetros comuns que naturalmente cada Estado pode adaptar à sua realidade em função das suas próprias especificidades.

Nesse sentido são estabelecidos na Convenção da ONU sobre corrupção um conjunto de tipos criminais que cobrem toda a área passível de ser adoptada pelos Estados neste domínio.

Vale a pena, por isso, atentar nos tipos criminais relativos à corrupção estabelecidos no ordenamento jurídico português que, na sua essência, estão de acordo com as Convenções do Conselho da Europa e das Nações Unidas citadas.

É, aliás, numa perspectiva comparatística com a Convenção da ONU, pela sua perspectiva mundial, que incide prioritariamente este texto.

É desde logo inequívoca em todo o tratamento jurídico dogmática da corrupção a existência de dois grandes tipos criminais, ou seja, a corrupção activa e a corrupção passiva.

No que respeita à Convenção da ONU tais tipos criminais estão consagrados nos artigo 15.º alínea a) e b).

No Código Penal Português, a corrupção reveste a forma **activa** quando «alguém, *por si ou por interposta pessoa, com o seu consentimento ou ratificação, der ou prometer a funcionário ou a terceiro, com conhecimento daquele, vantagem patrimonial ou não patrimonial que ao funcionário não seja devida, com o fim indicado no artigo 372.º (para um qualquer acto ou omissão contrários aos deveres do cargo), é punido com pena de prisão de 6 meses a 5 anos."* – artigo 374.º n.º 1 do C. Penal.

Conexionada com a corrupção activa encontra-se tipificada a corrupção **passiva**.

Aqui estabelece-se que «*O funcionário que por si ou por interposta pessoa, com o seu consentimento ou ratificação, solicitar ou aceitar, para si ou para terceiro, sem que lhe seja devida, vantagem patrimonial ou não patrimonial, ou a sua promessa, para um qualquer acto ou omissão contrários aos deveres do cargo, ainda que anteriores àquela solicitação ou aceitação, é punido com pena de prisão de 1 a 8 anos."* – artigo 372.º n.º 1 do C. Penal.

A corrupção passiva pode concretizar-se em acto ilícito (corrupção própria) ou em acto lícito (corrupção imprópria), sendo por vezes difícil estabelecer a fronteira entre estes dois actos, o que em termos de investigação criminal encerra alguns problemas – veja-se, por exemplo, o caso das investigações relacionadas com prescrições médicas «a troco» de vantagens económicas prestadas pela industria farmacêutica.

Importa referir que o bem jurídico em causa no crime da corrupção, ou seja, o que se tutela com a criminalização da corrupção, é a autonomia funcional do Estado/Administração ou a legalidade administrativa.

Uma breve e sempre parcelar análise ao tipo de fenómenos ou parcelas da sociedade onde são mais visíveis comportamentos típicos capazes de se enquadrar na corrupção, ou seja zonas de «risco» acrescido, identificam-se desde logo áreas que envolvem áreas de fiscalização de alguns serviços públicos, nomeadamente no que respeita a forças de segurança civis ou militarizadas (polícias e guardas prisionais), áreas de fiscalização da administração tributária, nas áreas da saúde (médicos e farmácias, nomeadamente através da prescrição indevida), áreas relacionadas com a aquisição de bens para a administração de grande valor e nas áreas do poder local.

Neste último domínio pode identificar-se um vasto leque de matérias onde a realidade assume alguma relevância. Falamos das áreas de adjudicação de obras públicas, das áreas de aquisição de bens e serviços públicos e das áreas de licenciamento e fiscalização de obras públicas.

Uma outra dimensão começa hoje a ter um tratamento diferenciado, face a novos desafios decorrentes da própria globalização dos sistemas económicos e institucionais.

É sabido que são muito elevados os interesses económicos que perpassam hoje nas políticas internacionais levadas a cabo por e entre instituições supranacionais.

Assim e por isso, nos casos em que estão em causa funcionários ou instituições internacionais acautelou a Convenção (e também a lei portuguesa) a necessidade de tratar de uma forma diferenciada estas situações – veja-se o artigo 16.º.

IV. Corrupção e titulares de cargos políticos

O facto de a corrupção atingir, com alguma frequência, em muitos países, os titulares de cargos políticos, tendo em atenção as enormes responsabilidades que lhes cabem, levou grande número de países à tipificação específica de crimes de corrupção próprios dos titulares dos cargos políticos.

Por um lado estabelecem-se crimes específicos de corrupção para titulares de cargos políticos, normalmente com penas mais elevadas. De outro lado estabelecem-se alguns mecanismos processuais diferenciados que levam em consideração a situação decorrente da legitimação eleitoral dos titulares de cargos políticos e a necessidade da sua preservação.

Não foi no entanto esse o caminho seguido na Convenção da ONU que não estabelece qualquer imposição de tratamento diferenciado dos titulares de cargos políticos, sendo estes cargos (ou os seus titulares) englobados no conceito genérico de funcionário aí estabelecido.

Ao contrário, em Portugal, estão estabelecidos alguns tipos criminais específicos que constam nos artigos 16.º, 17.º e 18.º da Lei n.º 34/87, de 16 de Julho, (com a redacção dada pela Lei n.º 108/2001, de 28 de Novembro) que consubstancia um diploma que tipifica os crimes de responsabilidade de titular de cargo político.

Numa análise criminológica da situação em Portugal, se exceptuarmos os casos das autarquias locais onde se tem verificado um número não despiciendo de investigações criminais que originaram acusações e mesmo condenações já transitadas em julgado, não pode dizer-se que esta seja uma «zona de risco».

V. Corrupção no fenómeno desportivo

Também no fenómeno desportivo se têm verificado situações peculiares de corrupção, sendo que por isso e tendo em atenção o carácter particular da realidade desportiva, foram criados mecanismos próprios.

Por que se trata de um fenómeno socialmente localizado e que pretende essencialmente proteger a verdade e a lealdade desportiva não é esse fenómeno abordado especificamente na Convenção da ONU.

No entanto e na medida em que as federações desportivas de cada país e os clubes desempenhem uma função pública ou prestem um serviço público nos termos definidos no artigo 2.º da Convenção podem integrar-se nos tipos criminais estabelecidos na lei geral penal comportamentos fraudulentos cometido na área desportiva.

Em Portugal considerou o legislador adequada a existência de um regime normativo especifico para esta área. Daí o Decreto-Lei n.º 390/91, de 10 de Outubro, que incrimina os comportamentos fraudulentos que perturbem a verdade e a lealdade da competição desportiva e do resultado desportivo.

São especialmente previstos os comportamentos fraudulentos praticados pelo praticante desportivo (artigo 2.º n.º 1), pelo árbitro ou equiparado: (artigo 3.º n.º 1) e pelo dirigente, treinador, preparador físico, orientador técnico, médico, massagista (artigo 3.º n.º 2). Incrimina-se ainda, neste diploma, a conduta de "Quem, por si ou por interposta pessoa, com o seu consentimento ou ratificação, der ou prometer a praticante desportivo vantagem patrimonial ou não patrimonial, que lhe não seja devida, com o fim indicado no artigo 2.º (alterar ou falsear o resultado de uma competição desportiva) será punido com prisão até três anos" (artigo 4.º n.º 1).

Trata-se de uma zona que assume alguma particularidade e que não podendo considerar-se de alto risco deve considerar-se numa «zona amarela», ou seja existem vários fenómenos a necessitar de grande atenção no domínio da investigação. As áreas relacionadas com a arbitragem no futebol, com a transacção de «passes» de jogadores profissionais, com a publicidade, sobretudo tendo em conta os valores que envolve, são claramente as áreas mais sensíveis.

VI. Corrupção no comércio internacional

A dimensão «paroquial» e mesmo intraestadual do fenómeno corrupção está, hoje, completamente ultrapassada. É inequívoco que a globalização da economia acarreta no seu desenvolvimento «quistos» a ela inerentes, e, entre eles práticas que em determinadas vertentes se assumem como corruptivas.

Pode, por isso afirmar-se que a corrupção é um fenómeno frequente nas transacções comerciais internacionais e que, além de suscitar graves preocupações públicas, afecta a boa gestão dos negócios públicos e o desenvolvimento económico, sobretudo numa época de inequívoca e inevitável internacionalização económica.

Por outro lado as condições internacionais de concorrência são inequivocamente afectadas por essa corrupção.

Face a esta realidade tornou-se imperioso criar mecanismos internacionais para responder a uma dimensão que reveste alguma gravidade naquele âmbito.

Neste domínio assume especial relevância a Convenção sobre a Luta contra a Corrupção de Agentes Públicos Estrangeiros nas Transacções Comerciais Internacionais aprovada no âmbito da OCDE em Paris em 17 de Dezembro de 1997.

Na concretização desta Convenção, Portugal alterou algumas normas e neste âmbito, aplica-se o Decreto-Lei n.° 28/84, de 20 de Janeiro, com a redacção da Lei 13/2001, de 4 de Junho e da Lei n.° 108/2001, de 28 de Novembro que em matéria de crimes contra a economia e a saúde pública, prevê, agora o crime de corrupção activa com prejuízo do comércio internacional (artigo 41.°-A).

Sobre esta área importa referir que quer o facto de se tratar de uma lei recente, por um lado e envolver, por outro uma área onde a investigação criminal exige uma cooperação internacional eficaz não permite ainda perspectivar qual a real dimensão do fenómeno.

Algumas situações pontuais têm indiciado, no entanto que estamos perante uma realidade que não pode ser menosprezada configurando-se cifras negras que podem ser de alguma maneira preocupantes.

VII. Corrupção no sector privado

A magnitude que tem atingido o fenómeno da corrupção, levou várias instâncias internacionais a enveredarem pelo caminho da criminalização do fenómeno no domínio do sector privado.

Não omitindo esta realidade a Convenção da ONU estabelece dois tipos criminais (artigos 21.° e 22.°) referentes à corrupção e ao «peculato» no sector privado.

Recentemente, em Portugal passou a criminalizar-se, também, as condutas que podem consubstanciar corrupção no sector privado, (artigos 41.°-B e 41.° C do Decreto lei n.° 28/94.)

Assim, no que respeita à corrupção passiva criminaliza-se a conduta de «*Quem, exercendo funções, incluindo as de direcção, para uma qualquer entidade do sector privado, ainda que irregularmente constituída por si ou por interposta pessoa, solicitar ou aceitar, para si ou para terceiro, vantagem patrimonial ou não patrimonial ou a sua promessa, como contrapartida de acto ou omissão que constitua uma violação dos seus deveres funcionais e donde resulte uma distorção da concorrência ou um prejuízo patrimonial para terceiros, é punido com pena de prisão até 3 anos ou com pena de multa.*

Por outro lado, no que respeita à Corrupção activa, estabelece-se que «*quem por si ou por interposta pessoa, com o seu consentimento ou ratificação, der ou prometer às pessoas previstas no artigo anterior (artigo 41.°-B) ou a terceiro, com conhecimento daquelas, vantagem patrimonial ou não patrimonial com o fim e a consequência aí indicados, é punido com pena de prisão até três anos ou com pena de multa*».

Sobre esta matéria pode dizer-se que aqui o legislador anda, senão «à frente da realidade», pelo menos ainda numa dimensão um pouco actualista. Ou seja criminalizaram-se comportamentos que socialmente estão sobrepostos a práticas comerciais legítimas e mesmo usuais – e quando o não são serão porventura integradas no domínio da concorrência desleal.

As consequências de alguma indefinição sobre esta matéria leva a que se torne extremamente difícil uma investigação criminal nesta área.

VIII. Tráfico de influências

No sentido de criminalizar todo aquele que negoceia com terceiro a sua influência sobre uma entidade pública para dela vir a obter uma decisão ilegal, favorável aos interesses do dito terceiro, instituiu-se um novo tipo de crime que consubstancia o tráfico de influências.

Na Convenção da ONU o tipo de crime está estabelecido no artigo 18.°.

O crime de tráfico de influências, na legislação portuguesa está estabelecido no artigo 335.º do C. Penal aí se referindo que, no que respeita à forma activa, «*quem, por si ou por interposta pessoa, com o seu consentimento ou ratificação, solicitar ou aceitar, para si ou para terceiro, vantagem patrimonial ou a sua promessa, para abusar da sua influência, real ou suposta, junto de qualquer entidade pública, é punido com pena de prisão de 6 meses a 5 anos, se pena mais grave lhe não couber por força de outra disposição legal, se o fim for o de obter uma qualquer decisão ilícita favorável; será punível com pena de prisão até 6 meses ou com pena de multa até 60 dias, se pena mais grave lhe não couber por força de outra disposição legal, se o fim for o de obter uma qualquer decisão lícita favorável*».

No que respeita à forma passiva aí se estabelece que «*quem por si ou por interposta pessoa, com o seu consentimento ou ratificação, der ou prometer vantagem patrimonial ou não patrimonial às pessoas referidas no número anterior para os fins previstos na alínea a), é punido com pena de prisão até 3 anos ou com pena de multa.*"

Para além das razões genéricas, a redacção actual deste artigo resultou da necessidade de adaptação do direito interno à Convenção Penal sobre a Corrupção do Conselho da Europa e foi introduzida pela Lei n.º 108//2001 de 28 de Novembro.

Importa verificar que a acção típica neste crime consiste em solicitar ou aceitar vantagem ou a sua promessa, para si ou para terceiro ou consentir ou ratificar a solicitação ou aceitação da mesma feita por interposta pessoa, tendo como contrapartida dessa vantagem o abuso da influência, por parte do agente, sobre a entidade pública, para dela obter decisão ilegal favorável.

No que respeita à radiografia criminológica deste tipo criminal pode dizer-se que a um primeiro momento de pouca relevância sociológica, o tráfico de influências assume hoje uma dimensão preocupante, sobretudo no domínio das relações entre a actividade política, as autarquias e as áreas económicas de grande repercussão pública, como seja a construção civil.

Também a nível dos negócios públicos de aquisição de bens de grande valor, são áreas que demonstram alguma preocupação onde se torna útil enveredar por políticas criminais bem delimitadas.

IX. Peculato

Comete o crime de peculato o funcionário que ilegitimamente se apropriar, em proveito próprio ou de outra pessoa, de dinheiro ou qualquer coisa móvel, pública ou particular, que lhe tenha sido entregue, esteja na sua posse ou lhe seja acessível em razão das suas funções – artigo 375.º do Código Penal.

Trata-se de um crime que tutela um bem jurídico complexo ou seja onde se protege, por um lado a probidade e fidelidade dos funcionários públicos e, por outro, os direitos patrimoniais do Estado

Na Convenção da ONU tal tipo está referido no artigo 17.º.

Numa breve visualização das áreas de risco em Portugal, poderemos encontrar comportamentos típicos disseminados essencialmente nas autarquias (sobretudo nos seus funcionários) e ainda nas áreas da administração pública autónoma (institutos públicos) onde é comum verificar-se a não compreensibilidade por parte dos agentes públicos do que no exercício das suas funções pode ser utilizado como bem público. É usual a utilização de veículos públicos na vida privada de um titular de cargo público ou a utilização do trabalho de funcionários das instituições que tutelam em seu proveito próprio.

X. Abuso de funções

Previsto no Código Penal Português sob o nome de «abuso de poder», no art. 382.º, aqui se incriminam as condutas dos funcionários que através de um abuso de funções obtenham um benefício ilícito ou causem um prejuízo a outrem.

Na Convenção tal tipo criminal está incluído no artigo 19.º

Destina-se a colmatar uma eventual lacuna dos artigos do capítulo dos crimes cometidos no exercício de funções públicas, pelo que assume natureza subsidiária face aos restantes tipos de abuso de autoridade.

Refira-se também que o abuso de poder se distingue do crime de peculato porque neste visa-se apenas uma apropriação e não apenas a efectivação de um prejuízo de outrem. Assim quando o motivo determinante da conduta do funcionário seja este, a punição será no âmbito do abuso de funções.

XI. A investigação criminal no domínio da corrupção

Um tão vasto, difuso e complexo ambiente onde se visualiza o fenómeno da corrupção transporta em si um grau acrescido de dificuldade no domínio da investigação criminal.

Exige por parte das autoridades um conjunto de métodos de investigação criminal específicos que possibilitem uma investigação eficaz e tenha em consideração a realidade difusa e complexa referida.

A identificação, o envolvimento e o conhecimento de grande parte das situações referidas, de modo a recolher a prova dos factos ocorridos, será o objectivo principal da investigação.

Concretizar uma estratégia de investigação pré-definida assume uma prioridade essencial que por sua vez necessita de ter à sua disposição meios de obtenção de prova adequados.

Aqui torna-se fundamental, face à opacidade da realidade que se está a investigar, lançar mão de intercepções telefónicas, de meios de vigilância adequados, de agentes infiltrados, de entregas controladas, de perícias especificas que acompanhem em permanência a investigação de molde a que uma estratégia de seguimento «dos papeis», seja eficaz.

A Convenção da ONU não foi imune a esta constatação tendo por isso estabelecido, no artigo 50.º um conjunto de meios ou técnicas especiais de investigação a serem seguidas e implementadas pelos Estados.

A actualidade da investigação no domínio da corrupção é, também, um requisito fundamental. A investigação «em tempo real», ou seja efectuada quando os factos estão a ocorrer é um dos princípios fundamentais para concretizar uma eficaz investigação. Faz pouco sentido, neste domínio, o investimento numa investigação arqueológica assente na reformulação de um passado de difícil, senão impossível, recuperação

Porque se trata de uma realidade difusa, «pantanosa», onde os tradicionais mecanismos de investigação criminal se tornam ineficazes são admitidos mecanismos próprios estabelecidos nas leis penais que permitem, quer aos investigadores quer às autoridades judiciárias, a possibilidade de mais facilmente desmantelarem as actividades relacionadas com a corrupção.

Trata-se do chamado direito premial.

Com este «direito» estabelecem-se nas leis penais substantivas e adjectivas ou processuais mecanismos de isenção ou atenuação da culpa ou da ilicitude ou tão só mecanismos de atenuação das penas aplicadas a quem colabore, com as autoridades policiais ou judiciárias, na investigação da criminalidade relativa à corrupção.

Assim em Portugal, por exemplo, se o agente, antes da prática do facto, voluntariamente repudiar o oferecimento ou a promessa que aceitara, ou restituir a vantagem, ou tratando-se de coisa fungível, o seu valor, é dispensado de pena – artigo 372.º n.º 2 do Código Penal.

A pena é especialmente atenuada se o agente auxiliar concretamente na recolha das provas decisivas para a identificação ou a captura de outros responsáveis – artigo 372 n.º 3 do Código Penal.

De igual modo na legislação especifica dos crimes de corrupção da responsabilidade de titulares de cargos políticos[187] é estabelecido um mecanismo formal de natureza «premial» que assenta na dispensa de pena, nos casos de repúdio ou restituição da vantagem do seu valor antes da prática do facto e a atenuação especial da pena nos casos de auxílio concreto do agente na recolha de provas decisivas para a identificação ou captura de outros responsáveis

XII. Autoridades competentes para a investigação da corrupção

Conforme já foi referido, a magnitude que atinge o fenómeno da corrupção nas sociedades modernas associada à dificuldade de investigação que se verifica nestes crimes, onde sobretudo os meios de prova são difíceis de recolher, impõem que na investigação se utilizem também forças específicas adequadas a essa realidade.

Existem por isso em grande parte dos ordenamentos jurídicos entidades específicas para proceder à investigação dos crimes de corrupção e toda a actividade conexa.

Essa é também a perspectiva assumida pela Convenção da ONU, que no seu artigo 36.º estabelece a imposição aos Estados a criação de órgãos ou pessoas especializadas na luta contra a corrupção, dotadas de independência necessária para desempenharem as suas funções com eficácia e se pressões.

---

[187] Lei n.º 34/87 de 16 de Julho na redacção da Lei n.º 108/2001 de 28 de Novembro, artigo 19.º.

Em Portugal o Decreto-Lei n.º 275-A/2000, de 9 de Novembro, com as alterações posteriormente introduzidas pela Lei n.º 103/2002 de 25 de Agosto (Lei Orgânica da Polícia Judiciária), estabelece que a Polícia Judiciária tem competência reservada, em todo o território nacional, para a investigação de diversos crimes, nomeadamente os de corrupção, peculato, participação económica em negócio, administração danosa em unidade económica do sector público (art. 5.º, n.º 2, alíneas s) e t) do citado diploma). Daí a existência de uma Direcção Central de Combate à Corrupção e ao Crime Económico e Financeiro (DCICCEF).

A Lei 21/2000 de 10 de Agosto relativa à Organização da Investigação Criminal estabelece no seu art. 6.º que os órgãos de polícia criminal – Guarda Nacional Republicana (GNR) e Polícia de Segurança Pública (PSP) – devem comunicar de imediato à Polícia Judiciária os factos de que tenham conhecimento relativos à preparação e execução dos crimes referidos no n.º 4 do citado diploma legal, apenas podendo praticar, até à sua intervenção, os actos cautelares e urgentes para obstar à sua consumação e assegurar os meios de prova.

O referido art. 4.º elenca os crimes de competência reservada da Polícia Judiciária em matéria de investigação criminal, entre outros, os descritos no parágrafo anterior.

ÍNDICE

I PARTE
UM OLHAR GLOBAL

– A propósito da crise da Justiça em Portugal 11
– Mediação Penal e Justiça Restaurativa 25
– Guantanamo: o direito ao Direito... 31
– Criminalidade económica: um problema de quem?... 33

II PARTE
SER JUIZ, HOJE

– O círculo da independência dos juízes em Portugal 41
– Juízes, associativismo e comunicação social 49
– Opinião pública e legitimação dos juízes... 57
– O juiz de instrução em Portugal: a idade maior de um juiz de garantias 65

III PARTE
INVESTIGAÇÃO CRIMINAL E PROCEDIMENTO

– Responsabilidade Civil do Estado pela privação da liberdade decorrente da prisão preventiva 81
– O direito à liberdade e a prisão preventiva: legitimar pela fundamentação 113
– Algumas notas a propósito da investigação criminal na criminalidade financeira 117
– A Polícia Judiciária e a investigação da criminalidade fiscal................................. 121

IV PARTE
QUESTÕES DE DIREITO PENAL

– Da medida de segurança à pena relativamente indeterminada: itinerários sobre perigosidade.. 135
– Das penas e da sua aplicação: velhas questões, novos desafios 157
– Corrupção: Tipologias criminais na Convenção das Nações Unidas e realidade portuguesa 165